ARKANA

W0039139

Buch

Vergleichbar unserem Nervensystem besitzen Computerchips mit ihren komplexen Schaltkreisen Bewusstsein. Das heißt: PCs produzieren nicht nur elektromagnetische Strahlung, sondern auch ein feinstoffliches Energiefeld, das unserem technisch-analytischen Weltbild entspricht.

Der Computerexperte und Yoga-Meister Frank Sunn zeigt hier die Negativeinflüsse der fortschreitenden Computerisierung unserer Welt, aber auch erstmalig die Möglichkeit, PCs für unsere geistig-seelische Entwicklung konkret zu nutzen.

Kapitel über Astrologie, Farbenlehre, I Ging, Runen, Tarot, Subliminals, Numerologie und schließlich Radionik erläutern konkrete Anwendungsmöglichkeiten.

Frank Sunn behauptet: Der Computer kann Ihr Bewusstsein positiv beeinflussen, Ihr Seelenleben harmonisieren und Ihre geistige Entwicklung beschleunigen.

Fiktion? Lassen Sie sich überraschen. In Ihrem PC steckt mehr, als Sie denken.

Autor

Frank Sunn, Jahrgang 1947, ist in leitender Position in der Computerbranche tätig. Er studierte Mathematik und Physik mit Schwerpunkt Astronomie. Daneben forscht er seit mehr als zwei Jahrzehnten auf den Gebieten der Astrologie, der Kabbalistik und des Okkultismus. Verschiedene Aspekte dieser Wissensgebiete gibt er in Vorträgen und Seminaren weiter. Sein besonderes Interesse gilt den Möglichkeiten und Gefahren der Beeinflussung des Bewusstseins mit moderner Kommunikationstechnik.

Bei Goldmann ist von Frank Sunn bereits erschienen:

666 – Die Zahl des Tiers im Internet (21550)

FRANK SUNN

DER GEIST IM COMPUTER

Entdecken Sie
ungeahnte Möglichkeiten
der Bewusstseinsentwicklung
mit Ihrem PC

ARKANA
GOLDMANN

Umwelthinweis
Alle bedruckten Materialien dieses Taschenbuches
sind chlorfrei und umweltschonend.

Originalausgabe Dezember 2000
© 2000 Wilhelm Goldmann Verlag, München
in der Verlagsgruppe Bertelsmann GmbH
Umschlaggestaltung: Design Team München
Umschlagfoto: Design Team München
Druck: Elsnerdruck, Berlin
Satz/DTP: Martin Strohkendl
Verlagsnummer: 21580
Redaktion: Ralf Lay
WL · Herstellung: Stefan Hansen
Made in Germany
ISBN 3-442-21580-3
www.goldmann-verlag.de

1. Auflage

*Dieses Buch ist all jenen gewidmet,
die technische Neuerungen nicht nur als Selbstzweck
sehen, sondern vor allem als weiteres Mittel,
um die geistig-spirituelle Entwicklung des Menschen
voranzubringen.*

Inhalt

Einführung: Das zweite Gesicht Ihres Computers 11

Die Neutralisierung schädlicher Einflüsse 15
  Vermeiden von Strahlungsfeldern 16
  Ein Ausflug in die chinesische Begriffswelt 18
  Neutralisierung der technischen Strahlungsfelder . . . 19

Ein Computerchip lebt! 23
  Zeitgeist und Chips 23
  Strahlungen. 24
  Bewusstsein 25
  Wie gelangt Bewusstsein in unseren Chip? 28
  Ein Beispiel für technische
      Bewusstseinsbeeinflussung 30
  Bewusstseinsbeeinflussung durch Computerchips . . . 32

Subliminals – das Tor zu Ihrem Unterbewusstsein 35
  Was genau sind Subliminals und was bewirken sie? . . 36
  Welche Arten von Subliminals gibt es? 37
  Wirtschaftliche Nutzung 38
  Geheimdienste manipulieren mit Subliminals 39
  Was sagt die Forschung? 40
  Kreieren Sie Ihre eigenen Subliminals. 41
  Was Sie beachten sollten 43
  Wozu können Sie also Subliminals einsetzen? 45
  Ein wertvoller Hinweis. 46

Farbwirkung und Seelentherapie 49
  Kreieren Sie Ihre eigene Farbtherapie 50
  Der PC als Farbtherapiegerät. 53
  Farbwirkungen 55

Die fünfte Dimension 61
   Wie nehmen wir Objekte der Außenwelt wahr?..... 66
   Die Apfelmännchen Mandelbrots 68
   Was ist die vierte Dimension – und was hat sie
   mit Yoga zu tun?............................. 69
   Das Zeitfenster des J. W. Dunne 71
   Zeit und vierte Dimension in der Physik 75
   Die vierte Dimension auf dem Computerbildschirm .. 76
   Der Sprung in die höhere Dimension 77
   Die Abenteuer eines »Linienwesens« 79
   Wunder im Land der »Flächenwesen« 81
   Das Neuland der vierten Dimension.............. 83
   Noch ein Abenteuer aus dem Flächenland 84
   Plato und seine Höhle 86
   Wie bringt uns der PC weiter?................... 88
   Das Möbius'sche Band und freie Energie 90
   Rotierende vierdimensionale Körper –
      der Hyperkubus 92

Der Tarot –
   Lebensberatung aus dem alten Ägypten........... 99
   Die Ursprünge des Tarots...................... 99
   Tarot und kosmische Energien.................. 101
   Tarotkarten oder Computer-Tarot? 103
   Das Keltische Kreuz.......................... 105
   Eigene Kartenanordnungen 107
   Stärkung Ihrer Intuition und Zukunftsschau........ 108
   Vorteile des Computer-Tarots 110

Runen und I Ging –
   was Germanen und Chinesen schon wussten....... 113
   Runen und kollektives Bewusstsein............... 114
   Die Attraktion östlicher Systeme 115
   Ursprung der Runen........................... 116
   Die Futhark-Runen........................... 118
   Wie befrage ich die Runen? 119
   Verwandlungen im I Ging 120
   Trigramme und Hexagramme 122

Das I Ging und das Binärsystem des Computers 123
Ein Befragungshexagramm 124
Computer statt Münzen..................... 128

Astrologie – das superschnelle Horoskop 131
Die Bedeutung der Sterne in alten Kulturen........ 132
Was ist ein Horoskop, und wie kann der PC helfen? .. 134
Karma und die Befreiung aus Energiemustern 136
Sich selbst besser verstehen mit der Astrologie 139
Das Geburtshoroskop aus dem Computer 140
Mechanisierte Stundenastrologie 141
Grundlegende Bestandteile eines Horoskops 142
Prioritäten bei der Deutung eines Horoskops....... 145
Planeten leben!............................. 146
Astrologische Beratung für andere 148
Zeitgewinn 149

Radionik – Gesundheit durch Software 151
Die Klopfzeichen des Dr. Abrams............... 152
Die Entstehung des Oscilloclasten............... 155
Energiekörper und chinesische Medizin 157
Kleiner Exkurs in die Wissenschaftstheorie 158
Schädlingsbekämpfung mit Radionik 160
Gegenkräfte 161
Radionikgeräte heute........................ 163
Energiefelder 164
Radionik im PC 166

Numerologie – Zauber mit Zahlen 173
Ein Ausflug zu Schwingungsmustern und Wellen.... 174
Numerologische Ansichten 176
Heilige Zahlen und die verflixte Sieben 178
Naturgegebene Zahlen....................... 180
Wiederholungszahlen........................ 183
Numerologische Methoden sind einfach.......... 184
Welches Numerologiesystem?.................. 185
Die Analyse des eigenen Namens 188
Die Bedeutung der Zahlen.................... 189

9

Zahlenbedeutungen in geometrischen Figuren 192
Numerologische Datumsanalyse 194
Sollten Sie Ihren Namen ändern? 196
Eine Warnung. 198
Der Computereinsatz. 199
Der Ton macht die Musik. 200

Ihr PC kann sprechen 201
Computer und Geistwesen 201
Der Einsatz von »Zufalls«zahlen. 202
Zahlen = Buchstaben? 204
Die Logik des Sprachprogramms. 206
Wer spricht denn da? 208

Biorhythmus – kosmische Schaltuhren 211
Die drei grundlegenden Rhythmen 211
Noch mehr Rhythmen 215
Wozu den Biorhythmus berücksichtigen?. 215
Kritische und günstige Tage 216
Kritische Meinungen 220
Astronomische Ursachen? 221
Was genau tut das Computerprogramm? 222
Wo wird mit Erfolg der Biorhythmus verwendet? . . . 224

Zeitsprung 229
Es passierte im England des 20. Jahrhunderts 230
Was genau war passiert? 237
Paralleluniversen und andere »Anomalitäten«. 239
Zeittunnelerfahrungen. 241
Das Philadelphia-Experiment 243
Die Raum-Zeit-Computer des Montauk-Projekts. . . . 245
Nachholbedürfnis im Zeitverständnis 247

Fazit: Hat Ihr Computer alle Antworten? 249

Literatur 251

Einführung:
Das zweite Gesicht Ihres Computers

Ein Personalcomputer, kurz PC, ist längst über das Stadium eines leblosen Kastens in tristem Gehäuse hinaus, den man entweder im Geschäftsleben verwendet oder auf dem man allenfalls Computerspiele installieren kann. Seit relativ kurzer Zeit ist er zum Multimediagerät avanciert. Aber trotz all dieser technologischen Entwicklungen, die nicht immer unkritisch zu sehen sind, ist das ungeheure geistig-spirituelle Potenzial eines Computers erst von wenigen erkannt.

Dieses Buch hat einen ungewöhnlichen Inhalt: Es möchte Ihnen zeigen, dass Sie den Computer trotz mancher gesundheitlicher Nachteile durch Bildschirmarbeit, die man bisher in Kauf genommen hat, zu einem hochwirksamen therapeutischen Gerät umfunktionieren können. Der PC kann Ihr Bewusstsein positiv beeinflussen, Ihr Seelenleben harmonisieren und die geistige Entwicklung beschleunigen. Er kann bei Entscheidungen helfen, Sie vor ungünstigen Entwicklungen warnen und als Therapieinstrument für Sie selbst und andere eingesetzt werden.

Wir werden uns auch auf ein sehr gewagtes Terrain vorwagen: Hat ein Computer ein »Seelenleben«, einen ihm innewohnenden »Geist«, mit dem Sie sogar in Kontakt treten können? War die Fiktion des revoltierenden Rechners »Hal« im Film »Odyssee 2001« nicht nur eine Fiktion? Lassen Sie sich überraschen. In einem PC steckt mehr, als Sie denken.

In meinem Buch *666 – Die Zahl des Tiers im Internet**
weise ich ausschließlich auf die sonst selten erwähnten negativen Auswirkungen des PCs im Zusammenhang mit dem Internet hin. Das Web darf nicht unkritisch akzeptiert werden, vielmehr müssen wir den möglichen Gefahren der Kontrolle und Überwachung eines jeden Einzelnen und dem Verlust unserer Privatsphäre bewusst begegnen. Aber alles hat bekanntlich zwei Seiten.

Ich will all diejenigen unter Ihnen beruhigen, die nur nachteilige Auswirkungen des PCs sehen, und Ihnen zeigen, wie Sie den »Spieß herumdrehen« können, sodass der PC nicht nur konstruktiv genutzt werden kann, sondern sogar so, dass er die Gesundheit verbessert und spirituelles Wachstum beschleunigt.

Ich will aber auch zeigen, welche unliebsamen Auswirkungen möglich sind, wenn man den PC ungehindert auf sich wirken lässt, ohne ihn sozusagen umzuprogrammieren. Der PC wirkt sich auf unser Bewusstsein aus, wir haben es in der Hand, ob dies zu unserem Nutzen oder zu unserem Schaden erfolgt.

Warum sollte ein moderner Esoteriker nicht die technischen Hilfsmittel der Zeit, also auch Computer, zu seinem schnelleren Fortschritt benutzen? Die Traditionalisten führen – allerdings zu Recht – an, unsere Apparatewissenschaft habe doch dazu geführt, dass wir innerlich weniger lebendig geworden sind, dass unsere Intuition verkümmert und unser Fühlen sich immer weiter reduziert. Dies ist zwar generell

---

* Frank Sunn: *666 – Die Zahl des Tiers im Internet*, Goldmann, München 1999.

gesehen richtig, führt uns im Alltag aber nicht weiter, wenn wir ohnehin alle einen PC benutzen (müssen), und sei es auch nur, um unsere Briefe zu schreiben.

Der pragmatische Ansatz spricht vielmehr dafür, die Mittel, die wir zur Verfügung haben, auch sinnvoll zu nutzen, dann aber gerade dafür, um unsere Führung und Intuition zu stärken oder in Selbsterkenntnis zu wachsen. Das Hilfsmittel ist in diesem Fall nicht entscheidend, sondern das Ziel, das wir anstreben.

Ein Schlüsselwort unserer Gegenwart ist »Zeit«. Werden Routinearbeiten an den PC delegiert, siehe zum Beispiel im Kapitel »Astrologie«, lässt uns das mehr Raum für andere, wichtigere Beschäftigungen, für die wir sonst weniger Zeit hätten. Ein Leben scheint in seiner Dauer kaum ausreichend zu sein, um das von immer mehr Menschen angestrebte Ziel der Selbstverwirklichung im geistig-spirituellen Sinne zu erlangen. Alle Möglichkeiten, die uns helfen, unsere Zeit optimal zu nutzen, sind da nur willkommen.

Die Kapitel des Buches sind so aufgebaut, dass zu jedem Thema, das der Computer »abdecken« kann, eine Einführung für diejenigen gegeben wird, die noch nie mit dem entsprechenden Gebiet zu tun hatten. Die Einführungen können natürlich von den Kennern der Materie übersprungen werden. Aber auch diesem Leserkreis verspreche ich, dass Sie noch neue und vielleicht überraschende Aspekte bei bereits bekannten Themen finden werden, die Ihnen so vielleicht noch nicht geläufig waren. Im Literaturverzeichnis finden Sie nicht nur weiterführende Literatur zu den einzelnen Themen, sondern auch interessante Internet-Adressen, zum Teil solche Seiten, von denen Sie sich kostenlos oder gegen geringe Gebühr Software auf Ihren eigenen PC herunterladen können.

Ich werde zeigen, dass der Computer Ihnen unschätzbare Dienste leisten kann. Sie werden Ihren PC nach der Lektüre dieses Buches mit anderen Augen sehen – und in ihm faszinierende Möglichkeiten entdecken, um Ihr Wohlbefinden zu verbessern und Ihre Ziele schneller zu erreichen.

Ich wünsche Ihnen viel Spaß beim Lesen!

Die Neutralisierung
schädlicher Einflüsse

Inmitten all der Technikbegeisterung unseres Informations-
zeitalters werden immer mehr Stimmen laut, die die negativen Auswirkungen von Bildschirmarbeit und PCs beschreiben und davor warnen. Diese negativen Begleiterscheinun-
gen sollen nicht bagatellisiert werden, obwohl wir uns ja in
diesem Buch mit den positiven Seiten des PCs beschäftigen
wollen, die weit über seine kommerziellen Nutzungsmög-
lichkeiten hinausgehen. Aber was ganz generell zutrifft, gilt
nämlich auch in Zusammenhang mit dem PC: Will ich eine
Situation verbessern, muss ich eventuelle negative Aspekte
vermeiden oder neutralisieren und die positiven entwickeln.

Wollen wir den PC positiv, also zu unserem Wohle nutzen,
ist es daher notwendig, uns zuallererst mit solchen eventuel-
len negativen Wirkungen zu beschäftigen und sie dann aus-
zuschalten bzw. zu neutralisieren. Danach können wir uns
mit seinen hilfreichen und wohltuenden Aspekten beschäftigen. Man weiß heute, dass sich ein PC unter Umständen
schädlich auf die Gesundheit auswirken, aber auch unser
Seelenleben beeinträchtigen kann. Die Folgen treten oft erst
nach einigen Jahren ein.

Über die arbeitsmedizinischen Erfordernisse der Bildschirmarbeit ist schon viel berichtet worden. Um hier nur
einige Dinge kurz zu nennen: Es sollte für uns selbstver-

ständlich sein, so vor einem Computerbildschirm zu sitzen, dass wir ermüdungsfrei arbeiten können. Die Körperhaltung muss aufrecht und bequem sein, der Augenabstand zum Bildschirm muss stimmen und die Tastatur in der Höhe richtig eingestellt sein. Dazu kommen die Bedeutung von richtig eingestellter Helligkeit und Kontrast des Bildschirms. Überhaupt muss der Bildschirm flimmerfrei und scharf eingestellt sein. Blendungen von Lichtquellen sind zu vermeiden.

Vermeiden von Strahlungsfeldern

Was aber weniger bekannt ist: In der Umgebung von Monitoren und PCs gibt es Strahlungsfelder, die den Bildschirmarbeiter in hohem Maße beeinflussen, und zwar nicht nur physikalisch bekannte Felder. Es existieren darüber hinaus noch weitere Einflüsse, die heutzutage nur den Okkultisten bekannt sind und die wir noch erörtern. Hier werden wir auf das Wissen von esoterisch geschulten Kennern der Materie zurückgreifen. Alle für uns nicht zuträglichen Felder gilt es auf jeden Fall zu vermeiden oder zu neutralisieren.

Wenden wir uns zuerst den bekannten physikalischen elektrischen und magnetischen Feldern zu. Die Stärken der elektrischen und magnetischen Wechselfelder um Bildschirme sind heute weit geringer als früher, und es gibt so genannte strahlungsarme Bildschirme. Trotzdem sind die Felder noch nachweisbar. Die Bildschirmoberflächen sind elektrostatisch aufgeladen, aber auch das ist heute weitgehend neutralisiert, und ältere Bildschirme können mit Sichtfiltern nachgerüstet werden, die vor dem Monitor angebracht werden und die elektrostatische Aufladung ableiten.

Wir sollten also beachten: Trotz strahlungsarmer Bildschirme haben sowohl diese als auch die PCs elektromagnetische Restfelder, die ihre Umgebung durchdringen und damit auch Ihren Körper, wenn Sie am Computer sitzen. Am stärksten wirken sich die aus dem PC-Gehäuse austretenden Felder auf Sie aus, wenn es direkt unter dem Bildschirm steht oder auf dem Boden neben Ihren Füßen. Warum kann dies schädlich sein?

Elektromagnetische Wechselfelder beeinflussen nachweislich den menschlichen Zellstoffwechsel. Das sind die vielfältigen Vorgänge, die millionenfach in den Zellen ablaufen, aber auch zwischen jeder Zelle und ihrer Umgebung, also Blut, Lymphe und Gewebe. Je stärker diese Felder sind, desto intensiver und störender ist die Wirkung; aber auch schwächere Felder üben auf Dauer einen negativen Einfluss auf uns auf. Sensible Menschen spüren dies sofort oder nach einer Stunde Arbeit am Computer, weniger empfindliche merken am Ende des Tages oder auch erst nach längerer Zeit, dass sie sich energetisch belastet fühlen, sie sind müde, antriebsarm und verspannt. Da nicht nur der Bildschirm ausstrahlt, sondern auch der PC selbst, können sich unter Umständen beide Wirkungen aufsummieren.

Was ist dagegen zu tun? Die erste Maßnahme sollte sein, den Computer weit entfernt vom Bildschirm und von uns selbst aufzustellen. Dazu gibt es Verlängerungskabel, wobei Sie hierzu Spezialverlängerungen für Bildschirm, Tastatur und Maus benötigen. Achten Sie ebenso auf das Gehäuse des Rechners: Eins aus Plastik strahlt mehr ab als eins aus Metall. Auch bei einem Metallgehäuse kann es sein, dass eine Stirnseite aus Plastik hergestellt ist. Ein chinesischer Qigong-Meister machte mich darauf aufmerksam, dass an dieser Seite des PCs verstärkt »schlechtes Qi« austritt und uns durchdringen kann.

Ein Ausflug in die chinesische Begriffswelt

Was ist Qi, und was ist insbesondere schlechtes Qi? Das Wort »Qi« stammt aus dem Chinesischen und bedeutet wörtlich übersetzt »Dampf« oder »Hauch« und wird für jede Art von feinstofflicher Substanz oder allgemein für Energien verwendet. Qigong ist eine uralte chinesische Disziplin, in der das Wissen um alle Energien oder Qi-Arten der Natur vermittelt wird. Ebenso, wie man mit diesen Energien umgeht. Insbesondere lernt der Qigong-Schüler, wie er für ihn schädliches Qi aus seinem Körper entfernen kann und positives Qi in sich kultiviert und vermehrt. Auf diese Weise kann er Krankheiten vorbeugen und – sofern er eine spirituelle Entwicklung anstrebt – sich das Qi zunutze machen, um bestimmte Bewusstseinszentren anzuregen.[*]

Im chinesischen Wortschatz war natürlich kein Begriff für elektromagnetische Wechselfelder vorhanden. Alles, was dem Körper schadet, wurde als »schlechtes Qi« bezeichnet, das es entweder zu vermeiden gilt oder dem etwas Positives entgegengesetzt werden muss. In Bezug auf den Computer ist also schlechtes Qi eine Energie, die unserem Körper schadet. Was ist zu tun, wenn aus einer Seite des Computergehäuses verstärkt schlechtes Qi (für uns negative Energie) austritt? Erstens stellen wir den PC so weit von uns entfernt

---

[*] Yves Requena: *Qi Gong*, Goldmann, München 1992.

auf wie möglich, zweitens drehen wir das Gehäuse so, dass die »Austrittsseite« (oft die Plastik-Frontseite) bei der PC-Benutzung nicht in unsere Richtung zeigt.

Neutralisierung der technischen Strahlungsfelder

Die Bildschirmstrahlung besteht sowohl aus physikalisch messbaren Größen – Elektrostatik und elektrische sowie magnetische Wechselfelder – als auch aus Komponenten, die unsere heutige Wissenschaft noch nicht kennt und auch nicht messen kann. Trotzdem weiß jeder Physiker, dass wir vom vorhandenen Strahlungsspektrum (der Gesamtheit aller Strahlungen und Strahlungsfrequenzen) in der Natur mit unseren Sinnen und Messgeräten nur einen Bruchteil kennen und erfassen können. Westliche Okkultisten sprechen von feinstofflichen Energien, die uns umgeben und durchdringen, die für uns förderlich oder schädlich sein können. Sie unterscheiden seltener, ob man eine Strahlungsenergie mit bekannten physikalischen Methoden messen kann oder nicht.

Beides, physikalisch bekannte und feinstoffliche Energien, können Sie neutralisieren. Hierfür stehen Ihnen verschiedene Maßnahmen zur Verfügung. Die erste, sehr einfache Methode – und deshalb auch nur teilweise schützend – ist folgende: Legen Sie entweder auf die obere Kante des Bildschirms einen Plastik- oder Hornkamm (ja, das wirkt!), und zwar so, dass die Zinken nach hinten zur Rückseite des Monitors zeigen, oder bringen Sie den Kamm am unteren Bildschirmrand an, die Zinken nach unten gerichtet. Tarnt man nun das Ganze mit etwas Papier, erspart man sich viele neugierige Fragen ...

Eine weitere Neutralisierungsmethode, auf die inzwischen viele schwören, ist die Verwendung von Kristallen. Geeignet sind Bergkristall, Amethyst, Rosenquarz und viele mehr. Sie können solche Kristalle vor dem Bildschirm, also zwischen sich und dem Monitor, aufbauen mit dem Ziel, dass sie das negative Qi, also die schädliche Feldenergie, aus dem Bildschirm aufnehmen oder eine Art Schutzwall zwischen Ihnen und dem Bildschirm erzeugen. Die Kristalle sollten von Zeit zu Zeit gründlich unter fließendem Wasser abgespült werden, da sie sich aufladen.

Esoterisch orientierte Edelstein- und Mineralfachleute sind auch der Meinung, die Kristallstruktur werde mit der Zeit zerstört, sodass man die Kristalle austauschen müsse. Dies kann sich meiner Meinung nach aber nicht auf das grobstoffliche Kristallgitter – das ist ein Fachausdruck für die molekulare Feinstruktur des Kristalls – beziehen, sondern auf die feinstoffliche Wirkungsweise. Physikalisch und chemisch gesehen ist auch nach intensiver Computereinstrahlung immer noch derselbe Kristall vorhanden. Überhaupt haben wir auch hier das Phänomen, dass Physiker durchaus um einige interessante Eigenschaften von Kristallen wissen – siehe Festkörperphysik –, dass aber Esoteriker in deren Nutzung viel weiter gehen und behaupten, Kristalle hätten schon seit alter Zeit zur Heilung, zum Schutz und als Gedankenverstärker gedient.

Ein weiterer Störfaktor, der durch Computerarbeit auftritt, sind die Ionen in der Luft. Um unseren Computer entsteht eine Atmosphäre, die mit positiven Ionen aufgeladen ist. Das macht schlichtweg müde und abgespannt. Wünschenswert wäre aber ein Überschuss an negativen Ionen, wie sie zum Beispiel ganz besonders nach einem reinigenden Regen in der Luft zu finden sind oder in der Nähe eines Wasserfalls. Hier helfen Ionisierungsgeräte für negative Ionen, die es inzwischen relativ preiswert zu kaufen gibt. Man weiß heute, dass gerade in geschlossenen oder klimatisierten Räumen normalerweise – also auch schon ohne Computer – ein Überschuss an positiven Ionen vorherrscht und ein Ausgleich durch negative für unser Wohlbefinden ausgesprochen vorteilhaft ist.

In unseren Breiten kommt hinzu, dass die Räume weitestgehend mit Kunststoffteppichen ausgelegt sind. Diese sorgen für eine elektrisch positive Aufladung der Räume, die für das Wohlbefinden abträglich ist. Auch hierfür ist der Einsatz eines Ionisators vorteilhaft. Geöffnete Fenster oder regelmäßig gut gelüftete Räume sollten bei der Computerarbeit selbstverständlich sein, denn ein PC bläst über seinen eingebauten Lüfter Plastik- und Metalldämpfe aus dem Gehäuse in den Raum. Sie können – etwas zynisch gesprochen – entweder warten, bis in zehnjährigen Langzeitstudien die Schädlichkeit dieser Dämpfe bewiesen wird, oder Sie gehen lieber gleich davon aus, dass sie nicht das Gesündeste sind, und schützen sich durch vermehrte Zufuhr frischer Luft.

Fassen wir alle genannten Methoden noch einmal zusammen, die Ihnen das Arbeiten am PC erleichtern:

- bequeme aufrechte Haltung,
- flimmerfreier und scharf eingestellter Bildschirm,
- blendungsfreies Arbeiten am Bildschirm,
- Tastatur und Bildschirm auf richtiger Höhe,
- Verwenden eines strahlungsarmen Bildschirms,

- Nachrüsten älterer Monitoren mit Sichtfiltern (Erdungsfiltern),
- PC-Standort möglichst weit entfernt vom Sitzplatz bzw. Bildschirm,
- Frontseite des Gehäuses nicht in unsere Richtung zeigen lassen,
- Kamm auf Ober- oder Unterseite des Bildschirms anbringen,
- Kristalle (zum Beispiel Amethyste) zwischen sich und den Bildschirm stellen,
- ausreichend Frischluft zuführen,
- Ionisator und Grünpflanzen im Raum aufstellen.

Nachdem wir nun über die wichtigsten Vermeidungsstrategien gesprochen haben und auch wissen, wie wir wenigstens einen Teil der Strahlungsfelder neutralisieren können, wenden wir uns im nächsten Kapitel einem Einfluss zu, der vielfach noch unerkannt ist, aber gerade deshalb aufgedeckt werden muss. Es gilt, auch diesen Einfluss zu neutralisieren und in etwas für uns Positives umzuwandeln.

Ein Computerchip lebt!

Jetzt kommen wir auf einen Aspekt der Computer zu sprechen, der bisher in der Literatur bis auf wenige Ausnahmen* überhaupt noch nicht behandelt wurde: Hat der Chip ein Bewusstsein, oder ist dies eine überspannte Idee von Esoterikern? Könnte es sein, dass Chips leben und uns sogar beeinflussen? Diesen vielleicht für viele von Ihnen überraschenden Aspekt eines PCs wollen wir in diesem Kapitel untersuchen.

Zeitgeist und Chips

Der PC ist Produkt eines mechanisch-technischen Denkens. Er ist ein inzwischen weltweit eingesetztes Symbol für eine Entwicklungsphase der Menschheit, in der wir versuchen, unsere Arbeit weitestgehend zu automatisieren und zu mechanisieren – und jetzt auch Denk- und Entscheidungsprozesse an Computer zu delegieren. Der PC gehört zur Gesamtheit der entwickelten Maschinen und Apparate, inklusive der Expansion des Internets und des anwachsenden Fernseh- und Videokonsums, die den Menschen und leider auch menschliche Werte wie Mitgefühl und soziale Verant-

---

* Frank Sunn: *666 – Die Zahl des Tiers im Internet*, Goldmann, München 1999.

wortung etwas in den Hintergrund drängen. Die Gesellschaft wird härter im Umgang mit sich selbst.

Was uns hier interessieren soll, ist der Geist, aus dem heraus eine solche technische Entwicklung und Umorganisierung unseres Lebens entsteht, denn die Chips im Computer strahlen diesen Geist, und damit eine für uns nicht sehr förderliche Wirkung, verstärkt auf uns ab und beeinflussen unser Bewusstsein. Viel bedenklicher aber ist, dass die Chips höchstwahrscheinlich selber Bewusstseinsträger sind: Es besteht begründeter Verdacht, dass sie leben! Dies ist sicher für viele eine schockierende Behauptung, die etwas näher beleuchtet werden muss, um verständlich zu werden.

Strahlungen

Warum gerade die Computerchips? Nun, beginnen wir damit, dass alles um uns herum, alles Belebte und scheinbar Unbelebte, sowohl Bewusstsein als auch eine Ausstrahlung aufweist. Beginnen wir mit der Strahlung. Hiermit meine ich nicht nur die messbaren Komponenten physikalischer Strahlungen und Felder, also Elektrizität, Magnetismus, Wärme und Radioaktivität, sondern auch die für uns noch nicht messbaren Strahlungen, die aber Menschen mit entsprechender Begabung oder okkulter Schulung, wie sie auch im Qigong oder Yoga trainiert wird, wahrnehmen können. Einfach alles im Universum hat eine Ausstrahlung – gleich ob Sie wie in unserem Fall einen Computerchip betrachten oder ein Möbelstück, ein Haus, eine Pflanze, Mensch oder Tier. In den esoterischen Disziplinen ist dies schon seit langer Zeit bekannt. Unsere Wissenschaft hat mit den Biophotonen gerade erst entdeckt, dass auch Zellen aus organischem Gewebe, zum Beispiel in Getreidekörnern, Licht ausstrahlen*.

Jeder Mensch kann, selbst wenn er über keine besondere Begabung verfügt, solche Strahlungen feststellen, denn auch bei ihm stellt sich ein Gefühl ein, ob etwas positiv harmonisch auf ihn wirkt oder negativ und disharmonisch, ob er sich mit den Dingen – oder Menschen – wohl fühlt oder nicht. Wie gesagt verstehen wir unter Ausstrahlung sehr viel mehr als die wenigen heute bekannten physikalisch messbaren Strahlungen.

Bewusstsein

Computerchips sind in dieser Hinsicht etwas Besonderes. Altes okkultes Wissen besagt, dass jede Form und Struktur im Materiellen ein entsprechendes Bewusstsein trägt oder anzieht. Dies gilt für einen Stein, eine Pflanze, ein Tier und erst recht für den Menschen. Rein physikalisch wissen wir von einem Stein nur, dass er aus Molekülen besteht, diese wiederum aus Atomen. Die Atome sind aus subatomaren Partikeln zusammengesetzt. Wer sich mit Physik beschäftigt hat, weiß auch, dass in diesen atomaren und subatomaren Dimensionen eigentlich gar nicht mehr entscheidbar ist, ob wir es mit materiellen Partikeln zu tun haben oder vielmehr mit Energien und Schwingungen. Steine, besonders Kristalle, zeichnen sich zudem durch eine präzise Anordnung der Moleküle aus, sie sind in einem Kristallgitter angeordnet.

Besäßen wir ein Mikroskop, das ein Molekül auf die

---

* Professor Dr. Fritz-Albert Popp, Universität Kaiserslautern, einer der führenden deutschen Biophysiker.

Größe unseres Sonnensystem vergrößern könnte, würden wir staunen, wie viel Leben und vor allem Bewusstsein (dieses allerdings für unsere Augen nicht sichtbar) wir dort finden! Haben Sie sich jemals vorgestellt, wenn Sie ein Wesen galaktischer Größenordnung wären und aus dieser kosmischen Perspektive heraus aus der Ferne ein Sonnensystem wie das unsere betrachteten, wie Ihre Erkenntnisse darüber aussähen? Würden Sie auf den Gedanken kommen, dass die für Sie winzig erscheinenden Planeten dieses Systems, welches ja ähnlich wie ein Atom aufgebaut ist – denn die Sonne entspricht dem Atomkern, die Planeten den Elektronen –, irgendwelches Leben beherbergen? Oder wären es einfach leblose Materiekugeln? Bewusstsein ist überall. Dass wir es nicht überall vermuten oder wahrnehmen, liegt an unserer limitierten Sicht – nicht am Universum.

Je komplexer eine materielle Struktur aufgebaut ist, desto feiner und höher entwickelt ist das Bewusstsein, das gebildet bzw. angezogen wird. In den Religionen und Philosphien Ostasiens wird die Meinung vertreten, dass das menschliche Bewusstsein oder die menschliche Seele sich immer wieder inkarniert, sich also nach dem Tod einen neuen Körper sucht, um sich in ihm weiterzuentwickeln und neue Erfahrungen machen zu können. Das Bewusstsein benötigt hierfür ein Nervensystem, also eine materielle Struktur, die ihm gemäß ist. Dies setzt nach östlicher Auffassung nicht nur einen menschlichen Körper voraus, sondern auch bestimmte Erbanlagen, vermittelt durch ein ganz bestimmtes Elternpaar, das dem eigenen seelischen Entwicklungsstand entspricht. *Das Bewusstsein nimmt sozusagen Besitz von einer bereitgestellten materiellen Struktur.* Dies findet erst dann vollständig statt, wenn die Entwicklung des Embryos, besonders seiner Nerven- und Gehirnstruktur, weitestgehend abgeschlossen ist, also noch nicht zum Zeitpunkt der Empfängnis.

Dieses Prinzip, dass eine komplexe materielle Struktur wie zum Beispiel ein menschliches Gehirn ein entsprechendes Bewusstsein anzieht, gilt aber nicht nur für den Menschen. Wir haben es hier mit einem universellen Prinzip zu tun, das auch auf Tiere, Pflanzen, Mineralien und künstlich geschaffene Gegenstände anwendbar ist. Die Indianer Nordamerikas vertreten zum Beispiel die Ansicht, dass Kristalle in besonderem Maße mit uns verwandt (!) sind und dass ihre Molekülstruktur und ihr (unserer Physik noch unbekannter) feinstofflicher Aufbau Grundlage für eine entsprechende Kristallseele sind. Kurz gesagt, die Indianer sprechen mit den Kristallen und behandeln sie wie lebende Wesen. Dies ist sehr schön in dem Buch *Am Feuer der Weisheit** der Indianerin Dhyani Ywahoo nachzulesen.

Diese Einstellung gegenüber »toten« Gegenständen mag uns merkwürdig vorkommen, ist aber nur Ausdruck einer offenen Einstellung, die auch dort Leben zu sehen vermag, wo es einem Vertreter einer anderen Kultur nicht offensichtlich ist. Geht man aber davon aus, dass Bewusstsein überall existiert, ja dass das ganze Universum von Bewusstsein durchdrungen ist und dass sich Lebewesen und Gegenstände nur im Grad des Bewusstseins unterscheiden, das sie durchdringt bzw. das sie reflektieren, dann ist es gar nicht mehr so absonderlich, mit einem Kristall oder einer Pflanze zu kommunizieren. Vor noch nicht einmal hundert Jahren wusste bei uns kaum jemand – im Gegensatz zu so genannten »pri-

---

* Dhyani Ywahoo: *Am Feuer der Weisheit. Lehren der Cherokee-Indianer*, Berlin 1996.

mitiven« Kulturen –, dass Pflanzen ein Seelenleben* besitzen und Gefühle empfinden und ausdrücken können. Lassen Sie noch einmal hundert Jahre vergehen, und die Menschheit wird verstehen, dass auch Mineralien über ein Bewusstsein verfügen. Sie wird dann vielleicht auch wissen, auf welche Weise man sich mit diesen Formen des Bewusstseins in Verbindung setzen kann.

Wie gelangt Bewusstsein in unseren Chip?

Wir haben also festgestellt, dass Bewusstsein überall ist, auch in einem Computer. Bevor wir mit unseren Überlegungen wieder zum Computerchip zurückkehren, sei mir noch ein weiterer kurzer Ausflug in die faszinierende Welt des Bewusstseins gestattet, um dieses Phänomen noch von einer anderen Seite zu beleuchten. In den indischen yogischen Schriften finden sich viele Aussagen darüber, dass die reale Welt, in der wir uns befinden, eigentlich nur eine Scheinwelt, eine Traumwelt ist (siehe auch das Kapitel »Die fünfte Dimension«). Genauso wie wir vom Standpunkt unseres Wachbewusstseins aus eine Traumwelt als unwirklich abtun, behaupten die indischen Philosophen und Yogis, dass es höhere Bewusstseinszustände gäbe, die ein Mensch für sich realisieren kann. In einem solchen Bewusstseinszustand, den die Inder »Turya« nennen, erscheint unser Wachzustand wie ein Traum, den man beliebig manipulieren kann. Aus diesem Verständnis heraus und den daraus möglichen Realisierungen werden viele der so genannten yogischen »Wun-

---

* Peter Tompkins, Christopher Bird: *Das geheime Leben der Pflanzen*, Bern/München 1974.

dertaten« verständlich. Diese Yogis sind Meister des Bewusstseins und der phänomenalen Welt geworden. Sie spielen mit ihr wie andere Menschen mit ihrem Traum: Wenn Sie sich dessen bewusst werden, dass Sie träumen, dann können Sie erfolgreich Ihren Traum verändern.

Die Welt besteht demnach aus Geist oder Bewusstsein. Je komplexer eine Struktur, je entwickelter ein Nervensystem ist, desto mehr Bewusstsein kann es reflektieren. In diesem Sinne hat ein Stein auf unserem Planeten das geringste Bewusstsein, der Mensch angeblich das höchste. Damit stellen wir aber natürlich nicht die Krone der Schöpfung dar, wie so oft behauptet wurde. Diese noch vielfach vertretene Auffassung ist schlichtweg zu hoch gegriffen. Im Universum ist Raum für eine unvorstellbare Vielfalt von Lebensformen. Der Computerchip liegt – so gesehen – in seiner Komplexität irgendwo auf der Skala zwischen Mensch und Stein, aber sicherlich wesentlich näher beim Menschen.

Stelle ich also eine künstliche Struktur her, die auf kleinstem Raum hochkomplexe und geordnete Strukturen darstellt, wie das in einem Chip der Fall ist, ähnlich einem Nervensystem, dann muss ich damit rechnen, dass in diesem Chip ein entsprechend hohes Bewusstsein vorhanden ist bzw. dass ein Chip ein solches Bewusstsein anzieht!

Akzeptiert man dies als ernst zu nehmende Hypothese, dann stellt sich als Nächstes die Frage: Ist dieses Bewusstsein neutral, ist es der Entwicklung der Menschheit zuträglich, oder handelt es sich vielleicht um einen schädlichen Einfluss, den es besser zu neutralisieren gilt? Da wir zunehmend mehr über die Manipulatoren der Menschheit erfahren*, neige ich

---

* Ausführlich beschrieben in Frank Sunn: *666 – Die Zahl des Tiers im Internet*, Goldmann, München 1999.

im Einklang mit anderen Systemkritikern der letzteren Alternative zu. Wir werden noch beleuchten, wie Sie den Einfluss der Chips nicht nur neutralisieren, sondern sogar positiv und konstruktiv für Ihr eigenes Wohlbefinden nutzen können.

Ein Beispiel für technische Bewusstseinsbeeinflussung

Um Ihnen zu zeigen, dass Bewusstseinsbeeinflussung – oder -kontrolle, wie es einige Autoren lieber bezeichnen – heute in globalem Maßstab möglich ist und auch angewendet wird, schildere ich Ihnen kurz ein ob seiner Risiken weltweit diskutiertes Projekt in Alaska.

Wir sind heute in einen – natürlich offiziell nicht erklärten – Bewusstseinskrieg eingetreten, der den meisten von uns mangels Information überhaupt noch nicht bekannt ist. Sollten Sie einen Internet-Anschluss haben und nach solchen Informationen Ausschau halten wollen, dann sind viel versprechende Stichworte für die Suchmaschine zum Beispiel »Psychotronik«, »HAARP« und »Bewusstseinskontrolle«. Einige Industriestaaten sind schon außerordentlich weit darin fortgeschritten, mit technischen Mitteln das Funktionieren des menschlichen Bewusstseins und des menschlichen Nervensystems zu beeinflussen – leider nur, um es für ihre Zwecke zu manipulieren. Zu den verwendeten Technologien gehören sowohl Mikrowellen, wie sie für Funk, Fernsehen und Mobiltelefone eingesetzt werden, als auch ELF-(Extra-Low-Frequency-)Wellen und neuere Erfindungen, die zum Teil auf den Erkenntnissen und Entwicklungen des Erfinders Nikola Tesla gründen, zum Beispiel das HAARP-Projekt in

Alaska, über das ich Ihnen an dieser Stelle berichten möchte.

HAARP steht für »High Frequency Active Auroral Research Program«, zu Deutsch: »Hochfrequenz erzeugendes Programm zur Erforschung der Aurora«. Mit »Aurora« sind Erscheinungen wie die Polarlichter gemeint. Kernstück der Anlage ist ein so genannter Ionosphärenheizer, der mit Hilfe von Radiowellen eine ungeheure Energiemenge gebündelt in die Ionosphäre abstrahlt. Ohne auf die technischen Details eingehen zu wollen, sei hier nur erwähnt, dass das Militär sich unter anderem Spionagevorteile erhofft. Nach der Anregung der Ionosphäre werden die Energien wieder als ELF-Wellen zurückgestrahlt. Diese ELF-Wellen haben einen Frequenzbereich von 0,001 Hz bis 40 kHz.

Dies klingt alles sehr technisch und wissenschaftlich neutral, mögliche Bewusstseinsbeeinflussungen versucht man geheim zu halten. Offiziell ist man an den erzeugten ELF-Wellen deshalb interessiert, weil damit ein Durchleuchten der Erdoberfläche möglich wird, um Bodenschätze und versteckte Anlagen und Stollen zu finden. Außerdem wäre eine Kommunikation mit U-Booten möglich. Was aber verschwiegen wird: HAARP-Gegner weisen darauf hin, dass ELF-Wellen die Gehirnwellen des Menschen beeinflussen und die menschliche Psyche aus dem Gleichgewicht bringen können. Die Frequenz menschlicher Gehirnwellen liegt bei 0 bis 30 Hz, also genau im Bereich der ELF-Wellen. Man weiß heute, wie man ELF-Wellen zu modulieren hat, damit gezielte und vorauskalkulierte Beeinflussungen unserer Psyche geschehen. Ganz konkret können zum Beispiel Angst, Depression, Euphorie oder Gedächtnis- und Konzentrationsstörungen an einem beliebigen Ort der Erde mittels Fernwirkung erzeugt werden.

Dies sind bei HAARP wahrscheinlich nicht nur zu erwartende Nebeneffekte, sondern man befürcht den gezielten Einsatz als Mittel zur Kontrolle der irdischen Bevölkerung. International scheint sich der Verdacht immer mehr zu verhärten, dass ELF-Wellen schon seit Jahrzehnten zur psychischen Beeinflussung von großen Bevölkerungsgruppen in kontinentalem Ausmaß eingesetzt werden. Dies wäre offensichtlich mit HAARP noch gezielter und effizienter möglich. Die potenziellen »Nutzeffekte« werden von den Betreibern, also den Militärs, heruntergespielt. Jeder Einblick in die psychotronische Kriegführung ist verständlicherweise unerwünscht. Ironischerweise warnt das Militär davor, dass die Erfindungen, die beim HAARP-Projekt zum Einsatz kommen, auf keinen Fall in die Hände von Terroristen gelangen dürfen, denn es könnten Erdbeben und Wetterkatastrophen künstlich ausgelöst werden. Wie man dies wohl weiß, wenn man es nicht schon selbst erprobt hätte? Auch Erdbeben beeinflussen in destabilierender Weise die Psyche großer Bevölkerungsgruppen, da das Energiefeld der Erde hiervon betroffen ist, mit dem wir in direkter Wechselwirkung stehen.

Bewusstseinsbeeinflussung durch Computerchips

Das erwähnte HAARP-Projekt steht exemplarisch für eines von vielen Projekten, die unter anderem zum Ziel haben, Kontrolle auf uns alle auszuüben – nicht nur im Kriegsfall. Was uns im Zusammenhang mit dem PC interessiert, sind die zunehmenden technischen Möglichkeiten, menschliches Bewusstsein generell technisch zu beeinflussen und zu kontrollieren. Dies kann sowohl aus der Ferne über Satelliten und HAARP-ähnliche Anlagen geschehen als auch direkt über PC und Fernseher.

Wir werden heute, wenn wir am PC arbeiten, direkt über Computerchips beeinflusst. Nach den Aussagen von Esoterikern und Okkultisten (die Geheimdienste erzählen uns dies natürlich nicht) ist davon auszugehen, dass Chips in einer Weise konstruiert sind, dass sie nicht unserem Wohlbefinden dienen, sondern im Gegenteil uns so beeinflussen, dass wir willig auf den Zug des Technikwahns aufspringen.

Den Trend zu immer mehr Technik, auch Computertechnik, nenne ich deshalb Wahn, weil wir Menschen im neuen Jahrtausend eigentlich ganz andere Probleme haben als qualitativ immer besser werdende Stereoanlagen oder Computer, Gentechnologie oder digitales Fernsehen. Die drängenden Probleme dieser Zeit wie Bevölkerungsexplosion, Verschmutzung von Luft und Wasser, Vergiftung der Nahrung, Ausrottung von Pflanzen- und Tierarten sind keine technischen Probleme, sondern Folgen eines verantwortungslosen Handelns, also Effekte eines Bewusstseins, das sich über die Konsequenzen seines Handelns nicht im Klaren ist und mangelndes Verantwortungsbewusstsein kultiviert hat. Insofern kommt einer Bewusstseinsbeeinflussung, gleich welcher Art, eine immense Bedeutung zu.

Die Beeinflussung durch die Chips könnte absichtlich bewerkstelligt sein, durch entsprechende Strukturanordnungen innerhalb der Chips; sie könnte aber auch eine »zufällige« Wendung der technischen Entwicklung sein. Wohlgemerkt, ich bezichtige die Chiphersteller nicht der bewussten und böswilligen Manipulation der Chips, obwohl dies möglich wäre, sondern vertrete die Meinung, dass aufgrund des herrschenden Zeitgeistes, der mit dem biblischen »Tier« und der Zahl 666 der Johannesapokalypse zu tun hat, automatisch Konstruktionsideen für Chips entstehen, die den Menschen, die diesen Chips ausgesetzt werden, nicht zuträglich sind.

Es gilt also, den Einfluss der Chips zu neutralisieren und dadurch den PC so »umzuprogrammieren« (nicht im Sinne einer Programmiersprache), dass er unser Bewusstsein positiv beeinflusst und sogar zu einem unverzichtbaren und wertvollen Begleiter und Freund wird.

Dies lässt sich nach heute bekanntem Wissen prinzipiell durch zwei Methoden erreichen. Zusätzlich zu einer eigenen positiven, lichtvollen Einstellung, die sich bewusst gegen die beschriebenen Einflüsse wappnet, kann man den Computer auch wirkungsvoll mit positiven Schwingungen laden, die uns nicht nur schützen, sondern uns sogar helfen. Wie, das beschreibe ich später im Kapitel »Radionik – Gesundheit durch Software«. Zunächst werden wir uns erst mal den einfacher zu verstehenden Methoden zuwenden, um den Computer in einen geistigen Helfer umzuwandeln.

Der »Geist« und das Bewusstsein des Computers lassen sich jedenfalls real und mit nachprüfbaren Ergebnissen zu unserem Vorteil nutzen. Sicher müssen wir nicht so wie im Märchen den Bildschirm kräftig reiben, um den »Computergeist« zu locken, so wie einst Aladin seine Wunderlampe rieb, um den ihr innewohnenden Geist hervorzurufen. Es gibt aber Methoden, unser Bewusstsein an das des PCs sozusagen zu koppeln, um es zu benutzen und unseren Zwecken dienstbar zu machen: Aladins Wunderlampe in neuem Kleid!

Subliminals – das Tor zu Ihrem Unterbewusstsein

Eine der wirkungsvollsten Methoden, einen Computer für unsere spirituelle Entwicklung dienstbar zu machen, ist die Verwendung von so genannten Subliminals. Mit Subliminals können Sie die Verwirklichung Ihrer positiven Lebensziele, sozusagen ohne einen Finger zu rühren, auf elegante Weise unterstützen.

Im Jahre 1957 machte ein amerikanischer Geschäftsmann namens James Vicary von sich reden. Er kündigte eine von ihm entwickelte Subliminal-Projektionsmaschine an, mit der er in Kinos unbemerkt unterschwellige Botschaften in Spielfilme einblenden konnte. Er behauptete, dass er in einem sechswöchigen Test in einem Filmtheater in Fort Lee, New Jersey, deutliche Umsatzsteigerungen erzielte. Die Botschaften »Esst Popcorn« und »Trinkt Coca-Cola« wurden während des Vorprogramms alle fünf Sekunden optisch so kurz eingeblendet, dass die Zuschauer diese nicht bewusst registrieren konnten. Vicary behauptete, seine Subliminals hätten den Verkauf von Cola um 18 Prozent und den von Popcorn um 58 Prozent gesteigert!* Diese Meldungen lösten eine Welle des Protestes in den USA aus. Es war die Geburtsstunde der Subliminals!

---

* www.parascope.com/articles/0497/sublim1.htm.

Was genau sind Subliminals
und was bewirken sie?

Subliminals (das englische Wort *subliminal* bedeutet »unterschwellig, unterbewusst«) sind unterschwellige Signale, die unterhalb unserer bewussten Hör- oder Sehschwelle liegen, aber dennoch von unserem Unterbewusstsein wahrgenommen werden. Hierdurch ist es möglich, Verhaltensänderungen bei Individuen, aber auch bei Menschenmassen zu bewirken. Die Botschaften der Subliminals erreichen ungefiltert unser Unterbewusstsein, das bekanntlich zu einem großen Teil unser Verhalten steuert und für unsere Gewohnheiten verantwortlich ist.

Normalerweise filtern wir die Einflüsse und Wahrnehmungen unserer Umgebung, wir entscheiden, was wir speichern und verwenden wollen und was nicht. Auf diese Weise entlasten wir unsere Psyche von unnötigem Ballast und führen uns nur das zu, von dem wir meinen, dass es uns weiterhilft und nützt. Im Falle der Subliminals aber wird das Bewusstsein umgangen, die unterschwelligen Botschaften erreichen auf direktem Wege unser Unterbewusstsein und werden dort gespeichert. Enthalten die Signale zum Beispiel eine Aufforderung zum Kauf von bestimmten Waren, fühlen wir uns zu diesem Kauf veranlasst, obwohl wir dies vorher eigentlich überhaupt nicht wollten. Die ersten Erfahrungen dieser Art machte man, wie oben beschrieben, in amerikanischen Kinos, als man für Sekundenbruchteile Werbespots in Spielfilme einblendete und dadurch das Kaufverhalten der Zuschauer in gewünschter Weise beeinflusste.

Welche Arten von Subliminals gibt es?

Prinzipiell sind heute zwei Arten von Subliminals bekannt. Sie sprechen entweder die visuelle oder die akustische Wahrnehmung an. Visuelle Subliminals sind Texte oder Bilder, die in anderen visuellen Präsentationen, zum Beispiel Filmen oder Werbespots, versteckt werden. Das Subliminal blitzt so kurz auf, dass Ihr bewusster Verstand nicht in der Lage ist, das Signal zu verarbeiten. Zum Unterbewusstsein aber dringt es ungefiltert durch.

Als Zweites gibt es auditive Subliminals. Hier sind es Tonbänder bzw. Kassetten, auf deren Text oder Musik sie aufmoduliert wurden. Diese Subliminals liegen entweder einfach unter der Hörschwelle, oder sie sind elektronisch so manipuliert und verfremdet, dass sie von unserem Bewusstsein nicht mehr wahrnehmbar sind, wohl aber vom Unterbewusstsein.

Visuelle und auditive Subliminals dienen heute nicht nur der Manipulation anderer. Sie sind inzwischen als Audio- oder Videobänder fester Bestandteil im Programm einiger Anbieter, da sie uns auf leichte Weise auch eine Eigenbeeinflussung zu unserem persönlichen Vorteil ermöglichen. Subliminal-Musikkassetten sind in großer Zahl auf dem Markt. Es hat sich herumgesprochen, dass man über Subliminals alle Lebensbereiche verbessern kann, sei es die Gesundheit, den beruflichen Erfolg oder das Liebesleben. Sogar das Rauchen kann man sich damit abgewöhnen. Oft sind die Subliminals auch mit hörbaren, gesprochenen Suggestionen zum gleichen Thema gekoppelt.

Wirtschaftliche Nutzung

Inzwischen ist zwar die Subliminal-Werbung im Kino und Fernsehen verboten, es wird aber vermutet, dass sie hier und da dennoch Anwendung findet. Im Jahre 1973 wurde in den USA wieder die Sorge laut, dass Subliminals inzwischen weit verbreitet seien. In seinem Buch *Subliminal Seduction* behauptet der Autor Wilson Bryan Key, dass in gedruckten Werbeanzeigen verborgene Botschaften und Bilder enthalten seien, um Millionen von Verbrauchern zu vermehrten Käufen zu veranlassen. Die Botschaften seien so schwach in die Anzeigen eingearbeitet, dass die Leser sie nicht bewusst bemerkten, sie jedoch deren Unterbewusstsein erreichten.*

»Sie können keine Zeitung, keine Illustrierte oder Broschüre aufschlagen, Radio hören oder fernsehen, ohne von Subliminals angegriffen zu werden«, behauptet Key. Er war der Meinung, dass damals in einer bereits 25 Jahre laufenden Kampagne alle nordamerikanischen Medien Subliminals benutzt hätten. Ein enormer Anteil der jährlichen Ausgaben von 20 Milliarden Dollar für die Werbung werde dafür eingesetzt, um Subliminals zu erforschen, zu entwickeln und sie einzusetzen. Leider bleibt Key seine Quellen schuldig. In der Sommerausgabe 1989 *des Journal of the Mind and Behavior* präsentierte Robert Bornstein eine detaillierte Analyse der Subliminal-Techniken als Propagandawerkzeuge.

Im neuen Jahrhundert wird mit Sicherheit in den meisten Ländern der Erde das digitale Fernsehen eingeführt. Mit die-

---

* www.parascope.com/articles/0497/sublim4.htm.

ser neuen Technik ist es um ein Vielfaches leichter geworden, Subliminals einzuschmuggeln. Es bleibt abzuwarten, ob es auch dafür genutzt wird – und vor allem: Wie würden wir dies bemerken? Werden Fernsehen und Internet vielleicht schon längst verwendet, um uns einem Bombardement von Subliminals auszusetzen? Ich werde Ihnen zeigen, wie Sie solchen Beeinflussungen Ihren ureigensten Einfluss entgegensetzen können!

Geheimdienste manipulieren mit Subliminals

Auch der amerikanische Geheimdienst CIA beschäftigte sich in einem groß angelegten Projekt mit Subliminals und ihren Möglichkeiten. Nach einigen Jahren wurde offiziell die Einstellung des Projekts bekannt gegeben, da die Ergebnisse zu unzuverlässig seien. Informiert man sich aber eingehend über diverse CIA-Projekte, dann kommt man zu dem Schluss, dass alle Projekte um spektakuläre Phänomene, die im psychologischen oder parapsychologischen Bereich liegen, mit genau dieser Begründung offiziell beendet, im Geheimen aber weiter betrieben wurden, da man hierdurch Möglichkeiten gefunden hatte, menschliches Bewusstsein ohne Wissen des Betroffenen zu beeinflussen. Man hatte offensichtlich Möglichkeiten gefunden, Menschen durch Subliminals zu Handlungen zu veranlassen, die sie normalerweise nie ausführen würden.

Ich werde des Öfteren in Diskussionen gefragt, wer denn bloß Interesse daran habe, menschliches Bewusstsein zu beeinflussen. Dazu muss ich sagen, dass diese Frage von einer erfrischenden Unschuld über die Vorgänge auf dieser Welt zeugt. Abgesehen von den Interessen der heutigen Werbeindustrie ist die menschliche Geschichte eine Geschichte der Machtkontrolle, Macht um jeden Preis, Macht über andere Menschen, Macht über ihr Bewusstsein und ihre Denkinhalte. Je subtiler die Mechanismen, umso beliebter sind sie bei den Manipulatoren. Nicht nur die letzten zweitausend Jahre lang ist die Menschheit durch geistig-religiöse oder weltanschauliche Systeme manipuliert worden, wurde ihr vorgeschrieben, was gut und böse ist, wurde das Weltbild auf offizielle Dogmen eingeengt. Das Ziel war entweder die Kontrolle des Menschen, um ihn leichter lenken zu können, oder in unserer heutigen Konsumgesellschaft, ihn zum begeisterten Abnehmer von Waren und Dienstleistungen zu machen. Subliminals werden hier als sehr »eleganter« Weg empfunden.

Selbst die kommerzielle Musik wurde benutzt, um in ihr unterschwellige Signale unterzubringen, die nicht »vom Feinsten« sind. Ganz konkret hat sich herausgestellt, dass in vielen Titeln der Rockmusik ausgesprochen negative und destruktive Botschaften verborgen sind, zum Teil als Subliminal, zum Teil als rückwärts gesprochener Text, also nur hörbar, wenn man die Musikstücke umgekehrt abspielt. Sie sollten sich also dessen bewusst sein, dass Sie unter Umständen solchen Subliminals ausgesetzt sind, ohne es zu wissen.

Was sagt die Forschung?

Während Geheimdienste versuchten, die Subliminal-Forschungen geheim zu halten oder abzuwerten, gab es aber durchaus Forschungsprojekte, die den enormen Wert des

Einsatzes von Subliminals durch ihre Publikationen der breiteren Öffentlichkeit zugänglich machten. Einer der führenden Subliminal-Forscher, Professor Dr. Robert B. Zajonc von der Universität von Michigan, USA, führte zahlreiche Reihenuntersuchungen durch und entwickelte genaue Messmethoden, mit denen er die starke Wirkung von Subliminals auf das Unterbewusstsein nachweisen konnte. Inzwischen setzen zahlreiche Krankenhäuser, Universitäten und sogar das amerikanische Militär regelmäßig Subliminals ein.

Auch das amerikanische *Time Magazine* berichtete über Subliminals, in diesem Fall über ihren Einsatz in Warenhäusern. Man hatte Musikbänder verwendet, denen die unterschwellige Botschaft »Ich stehle nicht« aufgeprägt war. Angeblich sank die Diebstahlquote um 37 Prozent. Man kann nur hoffen, dass dies die einzige Botschaft war, die in der Kaufhausmusik versteckt war!

Kreieren Sie Ihre eigenen Subliminals

Unabhängig davon, ob Wirtschaftsunternehmen oder Nachrichtendienste versuchen, die Methode der Subliminals für ihre Zwecke auszunutzen, sollten wir diese erwiesen wirksame Methode für unsere eigenen Ziele nützen! Wer auch immer behauptet, Subliminals würden nicht wirken, der hat ein Interesse daran, seine Mitmenschen davon abzulenken, dass diese Methoden ausgesprochen wirksam und hilfreich sein können. Wir sollen nicht erkennen, wie das Unterbewusstsein funktioniert und wie man es wirkungsvoll beeinflussen kann. Nicht nur Menschen auf dem spirituellen Weg, sondern jeder, der sich gewisse Ziele gesetzt hat, kann die

Subliminals mit bestem Erfolg auf seinem eigenen Computer einsetzen.

Lassen Sie sich durch lancierte Behauptungen über die Unwirksamkeit von Subliminals nicht daran hindern, Ihre eigenen zu entwerfen. Und wer könnte bessere Texte für Ihr persönliches Leben kreieren als Sie selbst! Wie gehen Sie vor, wenn Sie dafür Ihren Computer benutzen möchten? Nun, die Methode ist ausgesprochen einfach. Sie benötigen ein Computerprogramm, das Sie sich entweder aus dem Internet herunterladen* oder bei einiger Begabung selbst schreiben können, das in bestimmten Zeitabständen eine Textbotschaft auf den Bildschirm bringt. Der Text blitzt so kurzzeitig auf, dass Ihr Wachbewusstsein den Inhalt des Textes nicht erfassen kann, Ihr Unterbewusstsein ihn aber sehr wohl registriert. Dieses ist Ihr persönliches Subliminal. Das Programm läuft die meiste Zeit unsichtbar im Hintergrund, während Sie Ihre normale Arbeit am PC verrichten. Um zu vermeiden, dass Sie Ihr Programm ändern müssen, wenn Sie einmal den Text des Subliminals ändern wollen, liest das Programm den Text aus einer Textdatei ein. So können Sie jederzeit mühelos einen anderen Text wählen. Wie Sie die Textausgabe auf den Bildschirm gestalten, also Schriftgröße, Farbe des Textes, Hintergrundfarbe, Helligkeit, das sind alles Größen, mit denen Sie selbst experimentieren können. Das Wichtigste ist die Botschaft selbst.

---

* www.innertalk.com; www.infinn.com/subliminal/extracategories.html.

Was Sie beachten sollten

Können Sie sich mit dem gleichen Erfolg einen Hauserwerb suggerieren wie bessere Gesundheit? Ist Ihnen materieller Erfolg und spiritueller Fortschritt gleichermaßen sicher? Gibt es überhaupt Richtlinien, die man beachten sollte? Ja, die gibt es. Es sind die gleichen Richtlinien, die auch für Affirmationen gelten. Affirmationen (Bekräftigungen) sind häufig wiederholte Sätze, die wir vor uns hin sprechen oder denken können, mit dem Ziel, unsere Persönlichkeit zum Positiven zu beeinflussen. Wir können sie aber auch als Entgegnung auf die von anderen eingesetzten unerwünschten Subliminals verwenden. Sowohl für Affirmationen als auch für Subliminals gibt es Erfahrungsregeln, wofür man sie am besten einsetzen kann und wie sie aufgebaut sein sollten:

- Formulieren Sie sich zunächst Ihr derzeit vordringlichstes Ziel, das zum Beispiel mit Ihrer Gesundheit, Ihrem Finanzstatus oder Ihren menschlichen Beziehungen zu tun hat. Vielleicht denken Sie dabei auch an Ihr Persönlichkeitswachstum oder Ihren geistig-spirituellen Fortschritt. Subliminals, die auf eine Verbesserung Ihres geistig-seelischen oder gesundheitlichen Zustand zielen, sind erfahrungsgemäß am wirkungsvollsten. Positivbeispiele hierfür wären »Ich bin jeden Tag toleranter und liebevoller« oder »Ich bin gesund und kraftvoll«.
- Verwenden Sie kurze, prägnante Sätze.
- Verwenden Sie die Gegenwartsform, keine Vergangenheit oder Zukunft. Also: »Ich bin kreativ.« Nicht: »Ich werde kreativ sein.« Mit anderen Worten: Bekräftigen Sie keine

werdenden Prozesse, sondern beschreiben Sie einen gewünschten Ist-Zustand. Also: »Ich bin bei meinen Unternehmungen sehr erfolgreich.« Nicht: »Ich werde erfolgreicher.«

- Beginnen Sie Ihre Sätze am besten mit den Worten »Ich bin ...«, zum Beispiel: »Ich bin heiter und optimistisch.«
- Eine weitere Verstärkung wäre, wenn Sie Ihren eigenen Namen in den Satz einflechteten: »Ich, Werner, bin ...« Oder: »Ich, Eva, bin ...«
- Vermeiden Sie alle Verneinungen, verwenden Sie ausschließlich Positivformulierungen. Also: »Ich bin in jeder Situation souverän.« Und nicht: »Ich will in keiner Situation in Panik ausbrechen.« Der amerikanische Seminarleiter Art Reade sagte einmal, das Unterbewusstsein habe einen »Nicht«-Filter eingebaut. Die Wörter »nicht« oder »kein« und ähnliche Ausdrücke würden herausgefiltert, weil sie für das Unterbewusstsein keine Bedeutung hätten. Da das Unterbewusstsein großenteils in Bildern denkt, kann man sich gut vorstellen, dass ein »Nichtbild« schwer zu speichern ist. Sie kennen sicher das Phänomen, dass Sie mit dem Fahrrad einem Stein auf dem Weg ausweichen wollen, aber dann doch genau über diesen Stein fahren. Das Unterbewusstsein hat das Bild des Steins gespeichert, zusammen mit einer definitiven Absicht. Deshalb fahren Sie auf den Stein zu, der »Nicht«-Filter hat zugeschlagen.
- Verwenden Sie lebensfördernde und positive Formulierungen, zum Beispiel: »Ich bin vollkommen gesund.« Aber nicht: »Ich verliere alle meine Krankheiten.«
- Verwenden Sie nur jeweils ein Subliminal, bis der gewünschte Erfolg eingetreten ist.

Wozu können Sie also Subliminals einsetzen?

Beachten Sie diese Grundsätze für Ihre eigenen Subliminals, so sollte Ihnen der Erfolg gewiss sein. Die oben genannten wenigen Beispiele zeigen schon, dass dem Einsatzbereich, auf den sich Subliminals in unserem Leben auswirken sollen, fast keine Grenzen gesetzt sind. Unterstellen wir einmal, dass Sie sich wie die meisten Menschen in vielen Bereichen Ihres Alltags eine Verbesserung vorstellen können bzw. sich sehnlichst wünschen. Ob Sie nun eine bessere Gesundheit oder eine liebevollere Einstellung zu Ihrer Umwelt wollen, ob Sie Ihre Aggressionen abbauen möchten oder mit Ihrer beruflichen Situation unzufrieden sind, ob Sie sich den ersehnten männlichen oder weiblichen Partner wünschen oder finanziell besser gestellt sein möchten als bisher, in all diesen Fällen wirken Subliminals und können eine unschätzbare Hilfe sein.

Günstig ist es, wie gesagt, ein und dieselbe Formulierung für längere Zeit beizubehalten, bis der erwünschte Effekt eintritt. Würden Sie den Text ihres Subliminals jeden Tag wechseln, wäre der Erfolg eher unwahrscheinlich – getreu dem alten Spruch: »Läufst du zu vielen Hasen nach, fängst du keinen!« Ich empfehle Ihnen also, mindestens zwei Wochen lang denselben Text für ein bestimmtes Subliminal zu verwenden.

Ein wertvoller Hinweis

An dieser Stelle sei Ihnen noch aus dem bisherigen Schatz derjenigen, die schon seit langem Subliminals und Affirmationen für sich verwenden, ein kleines Juwel präsentiert: Wie erfülle ich mir das, was ich mir am sehnlichsten wünsche? Kennen Sie die Erfahrung, dass das, wonach Sie sich sehnen, geradezu vor Ihnen davonläuft? Die Sehnsucht ist eine Falle, wie es Prentice Mulford einmal in seinem Buch *Der Unfug des Sterbens** formulierte. Er nannte aber auch das Gegenmittel: Halten Sie immer eine Geisteshaltung aufrecht, die man als »heitere Entschlossenheit« bezeichnen könnte – nicht nur in Bezug auf Ihren Wunsch und seine Erfüllung, sondern als generelle Geisteshaltung dem Leben gegenüber. Das lässt die Sehnsucht, unter der wir ja letztlich leiden, verschwinden und zieht die Erfüllung unserer Wünsche an – und es lässt die Subliminals besser wirken.

Haben Sie sich ein Computer-Subliminal erzeugt, beachten Sie bitte, dass das Subliminal nach dem Programmstart nur so lange läuft, wie Sie den Computer angeschaltet haben. Nach einem Neustart (Reboot) müssen Sie auch das Programm für das Subliminal wieder neu aufrufen; es sei denn, Sie wissen, wie Sie das Programm in eine Startroutine Ihres PC einbinden können. Tun Sie das Letztere, müssen Sie allerdings sicher sein, dass niemand sonst den PC benutzt. Denn ob Ihre Subliminals auch diesem anderen PC-Benutzer dienlich wären, ist nicht unbedingt sicher.

---

* Prentice Mulford: *Der Unfug des Sterbens*, München 1928.

Noch ein kleiner Tipp zu Subliminals, die Sie offiziell kaufen können. Es gibt Videos und Audiokassetten, in denen Subliminals zu den verschiedensten Themen eingearbeitet sind, zum Beispiel um Ihr Seelenleben positiv zu beeinflussen, Ihre Lernfähigkeit zu erhöhen oder einfach um entspannend zu wirken. Ohne diese alle kennen gelernt zu haben, bin ich der Ansicht, dass Sie bei solchen vorgefertigten Subliminals immer ein theoretisches Risiko eingehen: Sie wissen nämlich nicht, was wirklich alles darin enthalten ist. So gesehen weisen die selbst gefertigten Subliminals auf Ihrem Computer einen gewaltigen Vorteil auf, denn Sie haben eine genaue Kontrolle darüber, was Sie in Ihre Seele hineinlassen und was nicht.

Experimentieren Sie – ich wünsche Ihnen dafür viel Erfolg.

Farbwirkung und Seelentherapie

Dass Farben einen entscheidenden Einfluss auf unsere Gemütslage und unseren Gesundheitszustand haben, ist schon lange bekannt. Auch wenn Sie sich noch nicht mit der Wirkung von Farben beschäftigt haben, wissen Sie aus Erfahrung, dass es den Augen und Ihrer Stimmung gut tut, auf eine Grünfläche zu schauen. Und Sie kennen ebenso die unangenehme Erfahrung, auf eine große weiße Fläche zu sehen – oder in ein tiefschwarzes Loch oder auf eine grelle Leuchtfarbe. Umgekehrt ist der Anblick eines blauen Himmels oder des blauen Meeres eine wahre Augenweide, ein grauer, bewölkter Himmel kann eher deprimierend oder zumindest dämpfend auf die Stimmung wirken.

Farben können für unsere Augen so etwas sein, wie es Musik für unsere Ohren ist. Oft aber sind die Farben unserer Umwelt keine »Musik«, sondern lediglich »Geräusche«, zuweilen auch noch unangenehmer Natur.

Zu Hause achten Sie wahrscheinlich darauf, dass Sie von den Farben umgeben sind, die Ihnen gefallen und deshalb auch gut tun. Aber haben Sie auch an Ihren PC gedacht, sowohl daheim als auch am Arbeitsplatz – sofern Sie dort am Bildschirm arbeiten?

Kreieren Sie Ihre eigene Farbtherapie

Wollen Sie Ihren Computer zur eigenen Farbtherapie einsetzen, ist dieses eine der unspektakulärsten und einfachsten Möglichkeiten, die Ihnen zur Verfügung stehen, ohne dass Sie Programme kaufen, aus dem Internet herunterladen oder gar selbst schreiben müssen.

Sie haben die Möglichkeit, über die Hintergrundfarbe Ihres Bildschirms und die gesamte Farbgestaltung Ihrer Benutzeroberfläche Ihr Seelenleben in entscheidender Weise zu beeinflussen: positiv oder negativ, anregend oder beruhigend, aufheiternd oder deprimierend, gesundheitsfördernd oder eher Krisen heraufbeschwörend.

Wieso sprechen wir aber von Farbtherapie, wenn es lediglich um die Farbgestaltung der Benutzeroberfläche Ihres Rechners geht, und was ist überhaupt Farbtherapie?

Der Computer nimmt mit dem Einfluss, den er auf uns hat, eine Sonderstellung ein. Normalerweise bewegt sich unser Auge ständig und ist vielen verschiedenen Farbeindrücken ausgesetzt. Bei der Arbeit am PC aber erstarrt unsere Augenbewegung, und auch die Adaptation des Auges, das sich sonst permanent an verschiedene Entfernungen anpassen muss, unterbleibt bzw. verändert sich nicht. Allein diese Erstarrung hat einen großen Einfluss auf unsere gesamte Körperhaltung. Ich war ausgesprochen erstaunt, als ich vor vielen Jahren während eines Urlaubs in Italien einen Masseur besuchte und dieser mir beim Eintreten in den Raum auf den Kopf zusagte, dass ich vor einem Computer arbeite. Warum konnte er dies sehen? Nun, das ganze Wesen wird auf etwas ausgerichtet, das sich zirka 50 Zentimeter vor unseren Augen befindet. Dieser unschuldige Blick in die »Röhre« bleibt offensichtlich nicht ohne Folgen für den Muskeltonus und die Körperhaltung.

Eine etwas beunruhigende Darstellung über die Folgen der Bildschirmarbeit fand sich vor einigen Jahren in einem GEO-Heft, in dem über Computerarbeit berichtet wurde. Man hatte bei einer Reihe von Arbeitsplätzen Kameras am Bildschirm angebracht, um die Bediener bei der Arbeit zu fotografieren. Die Gesichtsausdrücke waren sehr bezeichnend! Wer meint, nur die Augen würden belastet oder beeinflusst, der täuscht sich.

Doch kommen wir zurück zur Farbe. Gerade weil unser Horizont während der Computerarbeit auf die kleine Sichtfläche des Bildschirms eingeschränkt ist, kommt der Farbe, in die wir vielleicht mehrere Stunden am Tag schauen, immense Bedeutung zu. Ich werde Ihnen verraten, was Sie am PC tun müssen, um in den Genuss der Ihnen am meisten zusagenden Farben zu kommen.

Einer der Pioniere der Farbtherapie war Darius Dinshah. Er machte bereits als junger Mann im Indien des Jahres 1897, bevor er in die USA umsiedelte, die Erfahrung, wie das Trinken von gefärbtem Wasser und gleichzeitig verabreichte Farblichtbestrahlung einen schwerkranken Menschen wieder genesen ließ. Die Nichte einer seiner Freunde war an Colitis mucosa erkrankt. Sie lag im Sterben, und der behandelnde Arzt konnte ihr nicht mehr helfen. Dinshah besann sich auf die Pioniere der Farbtherapie, ließ die Patientin mit indigofarbenem Licht bestrahlen, indem er zwischen einer Lichtquelle und der Patientin ein gefärbte Flasche aufstellte. Außerdem bestrahlte er mit der gleichen Farbe ein Glas Milch, das er ihr zu trinken gab. Durch diese Therapie wurde sie innerhalb weniger Tage wieder gesund.

Daraufhin widmete er Jahrzehnte seines Lebens nur noch der Farbtherapie und entwickelte ein komplettes System zur Behandlung verschiedenster Krankheiten. Er ist ein bekanntes Beispiel für diejenigen Therapeuten, die gerade deshalb heftigst bekämpft wurden, weil ihre Methoden so erfolgreich waren und der pharmazeutischen Industrie das Wasser abzugraben drohten. Vor diesem Hintergrund spricht es also für den in den ganzen USA erfolgreichen Einsatz der Farbtherapie, dass die amerikanischen Behörden in den vierziger Jahren einschritten. Zumindest zur damaligen Zeit saßen sie offensichtlich im selben Boot wie die Industrie und gingen so weit, dass sie in die Haushalte von Privatleuten eindrangen, um die Farblichtgeräte von Dinshah zu zerschlagen. Dies sind leider historische Fakten, und bis heute ist der Verkauf der Dinshah-Farblichtprojektoren in den USA verboten.

Während es Dinshah in der Hauptsache um die medizinischen Wirkungen der Farbbestrahlung ging, erforschten andere die psychologischen Wirkungen der Farben. Weitere bekannte Farbforscher waren der Amerikaner Edwin D. Babbitt, der Italiener Dr. Sciascia und die Deutschen Dr. Georg von Langsdorff und Bruno P. Schliephacke. Dr. Sciascia erreichte angeblich extreme Verjüngungseffekte durch den wechselnden Einsatz von roten und blauen Farben.

Dass die Wirkungen der Farben existieren und mit seelischen Zuständen korrelieren, weiß der Volksmund schon längst. Dieses Wissen schlägt sich nieder in Formulierungen wie »schwarz sehen«, »eine rosa Brille aufhaben«, »Grün ist die Hoffnung«, »gelb vor Neid sein« (das bezieht sich auf die Farbe der menschlichen Aura) und dem englischen *feeling blue* (= »sich niedergeschlagen fühlen«). Und dass Rot als die Farbe der Wut gilt, ist offensichtlich.

Der PC als Farbtherapiegerät

Wie wandeln wir nun unseren PC zu einem Farbtherapiegerät um, und wie stellen wir die Farben am PC ein? Falls Sie ein PC-Profi sind, erzähle ich Ihnen mit den folgenden Tipps nichts Neues. Anderenfalls schlage ich Ihnen vor, sich mit ein paar Systemprogrammen vertraut zu machen, die sich auf Ihrem PC befinden. Ich unterstelle des Weiteren, dass Sie auf Ihrem PC eines der Windows-Betriebssysteme, also 95, 98 oder NT, installiert haben. Besitzer anderer Systeme haben sicher ähnliche Programmeinstellungen. Im Prinzip haben Sie zwei Möglichkeiten, die Sie zur Farbeinstellung nutzen können.

Die erste Möglichkeit ist die des Hintergrundbildes. Um ein vorgefertigtes Bild auszuwählen, gehen Sie in das »Start«-Menü und wählen »Einstellungen/Systemsteuerung« aus. Hier klicken Sie auf das Icon »Anzeige«. Windows zeigt Ihnen jetzt ein Fenster, bei dem Sie unter anderem »Hintergrund« und »Darstellung« interessieren sollten. Wir wählen zuerst »Hintergrund« aus. In der unten angezeigten Auswahlbox können Sie ein Hintergrundbild aussuchen.

Nun sind die vorgefertigten und mit Windows gelieferten Bilder nicht unbedingt das, was Sie zu einer individuellen Farbtherapie verwenden können. Aber: Sie können selbst Bilder erstellen, und diese dann in das richtige Verzeichnis packen, sodass Sie diese danach ebenfalls auswählen können. Bei den selbst erstellten Bildern können Sie alle Farben wählen, die Sie möchten. Bei Windows wird immer ein Malprogramm mitgeliefert. Dieses finden Sie unter »Start/Programme/Zubehör/Paint«. Speichern Sie Ihr fertiges Bild unter Ihrem Windows-Verzeichnis ab, und wählen Sie es danach wie beschrieben als Hintergrundbild aus. Fertig!

Jetzt sagen Sie sicher – zu Recht –: Ja, ich schaue mir aber nicht das Bild beim Arbeiten an, sondern irgendein Programm, zum Beispiel eine Textverarbeitung. Dafür weiß Windows auch eine Lösung: Im schon erwähnten Fenster »Anzeige« wählen Sie »Darstellung«. Hier können Sie für alle Elemente der Bedienoberfläche Ihrer Programme die von Ihnen gewünschten Farben auswählen. Also zum Beispiel die Hintergrundfarbe Ihres Textes und die Textfarbe selbst. Hier müssen Sie allerdings darauf achten, dass die gewählten Farbkombinationen für Ihre Augen angenehm sind und dass der Kontrast ausreichend gegeben ist. Anderenfalls könnten Sie sich mehr Probleme als Nutzen einhandeln. Die gewählten Farbkombinationen lassen sich abspeichern, sodass Sie zu einem späteren Zeitpunkt wieder darauf zurückgreifen können.

Jetzt die entscheidende Frage: Welche Farben lassen Sie auf Ihrem PC dominieren? Im nächsten Abschnitt sind die verschiedenen Wirkungen der Farben zusammengestellt. Wir werden dabei physische und psychische Wirkungen unterscheiden, obwohl beides natürlich im Zusammenhang steht. Die physischen Wirkungen sind im Wesentlichen dem Buch *Es werde Licht** von Darius Dinshah entnommen. Dinshah unterscheidet im Gegensatz zu anderen Forschern mehr Farbzwischentöne und ist dadurch in seine Aussagen über die Wirkungen der Farben sehr viel genauer.

---

* Darius Dinshah: *Es werde Licht*, Dinshah Health Society, Malaga, N. J., USA, 1989.

Farbwirkungen

Im Folgenden werden die Wirkungen, die Sie durch verschiedene Farben erzielen können, stichwortartig beschrieben.

Rot

- Körper: Rot baut die Leber auf und bildet Blutplättchen und Hämoglobin. Regt die fünf Sinnesorgane über das sensorische Nervensystem an. Dient als Reizmittel und Irritans, um Ausscheidungen über die Haut zu fördern. Gegenmittel bei Verbrennungen durch kurzwellige Strahlen, also UV-Licht oder Röntgenstrahlen. Tonisierend, steigert Herz- und Pulsfrequenz.
- Gemüt: Rot fördert Aktivität und Tatkraft, Entschlossenheit, Durchsetzungsvermögen, Mut, aber auch Aggressivität und Leidenschaft.

Orange

- Körper: Orange regt den Magen an und löst Krämpfe, bei Überdosierung ruft es Brechreiz hervor. Regt die Schilddrüse an und hemmt die Nebenschilddrüse. Hilft bei Blähungen. Stärkt die Knochen und regt die Gewebebildung an, beseitigt Blutstaus. Baut die Lunge auf und regt die Atmung an. Stärkung des Immunsystems.
- Gemüt: Orange ist psychisch aufhellend, beseitigt Depression, Pessimismus und Antriebsarmut. Fördert die Kreativität, Begeisterung, Ehrgeiz, Heiterkeit und Freude. Antilethargisch.

Gelb

- Körper: Gelb ist verdauungsfördernd, regt Darmperistaltik, Bauchspeicheldrüse und Produktion von Verdauungssäften an, wirkt abführend und erhöht die Stuhlganghäufigkeit. Stimuliert das Gewebe durch Anregung des lymphatischen Systems. Baut die Nervern des sensorischen und motorischen Systems auf und regt die motorischen Nerven an. Drüsenfunktionen stimulierend.
- Gemüt: Gelb ist gemütsaufhellend bei Depression, Resignation und Melancholie. Fördert Optimismus, Heiterkeit, Offenheit, Extravertiertheit, Abenteuerlust und Ideale.

Gelbgrün

- Körper: Gelbgrün baut das Gehirn auf, regt die Thymusdrüse an. Leichte Anregung des Verdauungssystems. Ausgesprochen günstige Auswirkung auf alle Stoffwechselprozesse, besonders bei chronischen Krankheiten. Auflösung von Blutgerinnseln.
- Gemüt: wie bei Gelb und Grün beschrieben.

Grün

- Körper: Grün zerstört Mikroorganismen und wirkt als Bakterizid. Regt Muskel- und Gewebeneubildung an. Wirkt ausgleichend auf das Zentralnervensystem inklusive Hypophyse und das körperliche Gleichgewicht. Wirkt sich gut bei Erschöpfungszuständen aus, regeneriert.
- Gemüt: Grün fördert Ausgleich und Harmonie, Hoffnung, Zufriedenheit und Heilung.

Türkis

- Körper: Türkis wirkt ähnlich günstig wie Gelbgrün auf alle Stoffwechselprozesse, aber besonders bei akuten Krankheiten. Kräftigt die Haut und hilft bei der Neubildung verbrannter Haut. Dämpft die Gehirntätigkeit.
- Gemüt: wie bei Gelb und Grün beschrieben.

Blau

- Körper: Blau wirkt entzündungshemmend, fiebersenkend, schweißtreibend. Hilft bei Juckreiz. Vitalisiert und regt die Zirbeldrüse an. Sedierend, verlangsamt die Pulsfrequenz.
- Gemüt: Blau ist entspannend, seelisch dämpfend, stärkend, den Schlaf fördernd.

Indigo

- Körper: Indigo ist in vieler Hinsicht der Gegenspieler von Orange – es hemmt die Schilddrüse und regt die Nebenschilddrüse an. Beruhigt die Atmung. Beruhigt, dämpft und verringert die Erregbarkeit. Verringert die Ausscheidungen, auch eiterhemmend. Schmerzlindernd. Heilt nervöse Störungen.
- Gemüt: Indigo hilft bei seelischer Erschöpfung. Fördert Intuition, Sensitivität, kann zu Introvertiertheit führen.

Violett

- Körper: Violett verringert alle Muskelaktivitäten, auch die des Herzens. Hemmt Lymph- und Bauchspeicheldrüse. Beruhigt das Nervensystem. Fördert die Bildung von weißen Blutkörperchen, regt die Milz an.
- Gemüt: Violett erzeugt gegensätzliche Gefühle. Fördert mystische Neigungen. Wirkt besonders auf der mentalen

und spirituellen Ebene und fördert die Meditation. Fördert die innere seelische Reinigung, kann aber zu Depression führen.

Purpur

- Körper: Purpur kräftigt die Venenfunktion und senkt den
  Blutdruck. Senkt die Körpertemperatur. Verringert die
  Schmerzempfindlichkeit. Schlaffördernd. Dämpft den Ge-
  schlechtstrieb. Hemmt Nieren und Nebennieren.
- Gemüt: Purpur wirkt beruhigend und stärkend.

Magenta

- Körper: Magenta stärkt und harmonisiert Herz und Kreislauf, Nieren und Nebennieren, die Geschlechtsorgane wie
  auch das Immunsystem.
- Gemüt: Magenta stärkt die Aura und wirkt ausgleichend
  im Gefühlsbereich.

Scharlach

- Körper: Scharlach ist ein Aphrodisiakum. Allgemeines
  Stimulans, Blutdrucksteigernd. Stärkung der Geschlechtsorgane. Regt Herz, Nieren und Nebennieren an und stärkt
  das arterielle System.
- Gemüt: Scharlach regt das Gefühlsleben an und ist libido-
  steigernd.

Auch wenn Sie kein geübter Diagnostiker sind – und das
Diagnostizieren überlassen Sie bei schwerwiegenden Ge-
sundheitsstörungen lieber den Ärzten und Heilpraktikern –,
können Sie doch aus dieser Kurzübersicht über die Wirkungen der Farben einiges erkennen, das Ihnen weiterhilft. Falls

Sie sich aber gar nicht im Detail mit den bekannten Wirkungen beschäftigen wollen, wenden Sie einfach Ihre Intuition an. Die Farbe, die Ihnen am besten gefällt, ist wahrscheinlich auch diejenige, die Ihnen im Moment am besten bekommt.

Aber Vorsicht: Bei einer schon länger anhaltenden seelischen »Schieflage«, wenn zum Beispiel aggressives Verhalten bereits zu einem Normalzustand geworden ist (die Farbe Rot) oder wenn Sie schon jahrelang einen Trauerfall nicht bewältigt haben oder sich in einer lang anhaltenden Depression (Schwarz oder Violett) befinden, kann es sein, dass Sie dadurch die falsche Farbe wählen, die dann diesem Zustand entspricht und Ihnen deshalb nicht helfen kann. In einem solchen Fall ist es doch empfehlenswert, wenn Sie obige Übersicht über die Farben oder entsprechende weiterführende Literatur (siehe Literaturverzeichnis) zu Rate ziehen.

Farben sind Leben. Die Vorteile, die Sie aus den gezielt eingesetzten Farben am PC erzielen können, sind enorm. Körper und Psyche reagieren sofort auf die Farben, denen Sie sich aussetzen. Sie können mit einem farblich richtig eingestellten PC so ganz nebenbei und ohne zusätzlichen Aufwand dazu beitragen, dass Ihre Stimmung ausgeglichen und heiter bleibt, dass Ihr Immunsystem gestärkt wird und dass Sie sich energievoll und frisch fühlen. Entfliehen Sie dem Grau und Weiß* der üblichen Bedienoberflächen der PC-Programme und bringen Sie mehr Farbe in Ihr Leben!

---

* Besprechen Sie vorsichtshalber mit Ihrem Augenarzt Farbkombinationen für einen Texteditor, wenn Sie längere Zeit Texte am Bildschirm bearbeiten müssen. Hier ist ein guter Farbkontrast ausgesprochen wichtig!

Die fünfte Dimension

Wussten Sie, dass wir in Wirklichkeit keine dreidimensionalen Wesen sind? Nicht gebunden an Raum und Zeit? Dass die Zeit auch nur eine Illusion ist? Und dass die Sie umgebende so genannte Realität völlig anders ist, als sie zu sein scheint, vielleicht sogar nur eine kollektive Projektion des menschlichen Geistes?

Ich möchte Sie in diesem Kapitel auf einen Ausflug in die Welt der Dimensionen mitnehmen – und Ihnen zeigen, wie Ihnen der PC helfen kann, völlig neue Welten zu entdecken und sich selbst und die Umwelt in einem gänzlich neuen Licht zu sehen. Wir werden uns mit zwei- und dreidimensionalen Welten beschäftigen, Raum und Zeit untersuchen und dann einen Vorstoß in die vierte Dimension unternehmen, die tatsächlich einem Computerprogramm zugänglich ist. Sie werden lernen, vierdimensional zu sehen, und ein faszinierendes Gebiet entdecken, das auch Ihrer geistig-spirituellen Entwicklung wichtige Impulse gibt.

Ich möchte Ihnen zeigen, welchen Illusionen wir unterliegen und dass die so genannte Realität einzig und allein in unserem Gehirn konstruiert wird. Ich möchte Ihnen auch demonstrieren, welche Überraschungseffekte es geben kann, wenn man sich – erst einmal in Gedanken – in Welten bewegt, die statt drei nur zwei Dimensionen oder sogar vier oder fünf besitzen. Nicht erst seit den Zeiten des griechischen Philosophen Plato denkt die Menschheit schon über die Natur der Realität nach, und Wissenschaftler des Computerzeitalters bemühen die Rechenleistung von Supercomputern, um den Dimensionen des Universums ihre Rätsel abzulocken.

Haben Sie sich schon einmal gefragt, was die »reale Welt« eigentlich ist? Die reale Welt oder, besser gesagt, das, was wir dafür halten, sind doch offenbar die Objekte und Lebewesen, die Sie um sich herum wahrnehmen können. Sie sind umgeben von materiellen Objekten, Menschen, Tieren, Pflanzen, Steinen und menschlich geschaffenen Artefakten. Die Objekte sind für Sie real, weil Sie sie nicht nur sehen, sondern auch anfassen können, weil sie mit apparativen Messmethoden erfassbar sind und den Naturgesetzen des physikalischen Universums unterliegen. Real und objektiv ist das, was unabhängig von uns vorhanden ist; subjektiv oder imaginiert ist das, was lediglich in unserem Bewusstsein als Idee existiert. So etwa ist das heutige Weltbild der meisten Menschen.

Waren Sie schon einmal in einer Hologramm-Ausstellung? Dann haben Sie dort Objekte gesehen, die im Raum zu schweben scheinen, entweder vor oder hinter einem Hologrammträger. Man kann sogar um diese Objekte herumgehen und sie sich von verschiedenen Seiten aus betrachten. Ein im Raum schwebender Apfel, holographisch erzeugt, vermittelt den Eindruck, als sei er real und tatsächlich vorhanden. Ist er das, oder handelt es sich um eine Einbildung? Wenn er nicht wirklich vorhanden ist, was ist er dann? Lediglich eine geschickt fabrizierte Projektion? Was aber, wenn ein so genannter wirklicher Apfel auch nur eine Projektion darstellt, zwar konkreter und den Sinnen zugänglicher (Sie können hineinbeißen), aber doch nur eine Projektion?

Über die Natur der Wirklichkeit machen sich heute vor allem Physiker Gedanken. Die Fragen nach der eigentlichen Natur der Dinge haben aber schon seit jeher die Philosophen beschäftigt, sowohl im Orient als auch im Okzident. Je nach Denkschule kamen sie zu sehr unterschiedlichen Ergebnissen. Praktisch verwertbar und nachprüfbar waren und sind aber eigentlich nur die Schriften der indischen Philosophen. Die altindischen Philosophieschulen zeichneten sich dadurch aus, dass sie nicht nur theoretisch philosophierten, sondern dass alle Schulen über praktische geistige Methoden verfügten, um selbst nachzuprüfen, welche theoretischen Behauptungen haltbar sind und welche nicht. Man ging dort davon aus, dass letztlich alles im eigenen Geiste als Erfahrung nachprüfbar sein muss. Im Westen hingegen verfolgen wir die Methode, dass alles Theoretische durch wissenschaftliche Experimente in der so genannten äußeren Welt verifizierbar sein muss.

Für eine spirituelle Entwicklung ist es Voraussetzung, dass wir uns von dem Weltbild eines dreidimensionalen, materiellen Universums lösen. Dazu ist es hilfreich, die äußere Welt zu durchschauen und zu verstehen, was sie wirklich in ihrer Essenz darstellt. Es wird Sie vielleicht überraschen, dass Ihr Computer Ihnen dabei helfen und Ihnen zeigen kann, wie sich Ihr Geist für höhere Dimensionen öffnen lässt. Wie, das wollen wir in diesem Kapitel schrittweise untersuchen.

Was ist die äußere Welt, und was bedeutet die Eigenschaft ihrer Dreidimensionalität? Unsere Sinne vermitteln uns eine Welt, die dreidimensional zu sein scheint. Sitzen Sie im Moment in einem normalen Raum, dann sehen Sie in jeder Zimmerecke etwas, das die Mathematiker ein Koordinatensystem nennen: ein System aus drei senkrecht aufeinander stehenden

Linien, gebildet durch die drei Kanten, die sich zwischen den Wänden und der Decke (oder dem Fußboden) bilden. Sie können sie als Länge, Breite und Höhe bezeichnen. Sie können jeden Punkt Ihres Zimmers dadurch erreichen, dass Sie von einer gewählten Ecke aus (Nullpunkt des Koordinatensystems) eine bestimmte Entfernung parallel zu einer Wand abmessen, dann eine zweite Strecke parallel zu einer anderen Wand und dann eine dritte Strecke in die Höhe.

Eine dreidimensionale Welt ist also dadurch gekennzeichnet, dass Sie mit drei Angaben jeden Ort eindeutig bestimmen können. Im geschilderten Fall kann man diese Angaben einfach als Länge, Breite und Höhe bezeichnen. In einer rein theoretisch denkbaren zweidimensionalen Welt gäbe es nur Länge und Breite: Wir hätten eine Flächenwelt vor uns. Eine eindimensionale Welt wäre eine Linienwelt, ausschließlich mit einer Länge. Wir werden im Folgenden noch sehen, dass uns die Linien- und Flächenwelten helfen werden, unsere Probleme bei der Erfassung einer vier- und fünfdimensionalen Welt zu verstehen.

Ein weiteres Beispiel für die Dreidimensionalität soll Ihnen verdeutlichen, dass es durchaus auch andere Angaben als Länge, Breite und Höhe sein dürfen, um die Position eines Gegenstandes oder eine Ortsangabe eindeutig zu bestimmen. Entscheidend ist in einer dreidimensionalen Welt aber immer die Anzahl drei. Mit drei – richtig ausgewählten – Parametern oder Koordinaten lässt sich jeder Punkt in dieser Welt auffinden. Nehmen wir die geographische Position eines beliebigen Punktes auf der Erde. Hierzu denkt man sich traditionsgemäß den Nullpunkt des Koordinatensystems in den Mittelpunkt der Erde versetzt. Von diesem Mittelpunkt aus ist jeder Punkt auf der Erde gleich weit entfernt, nämlich

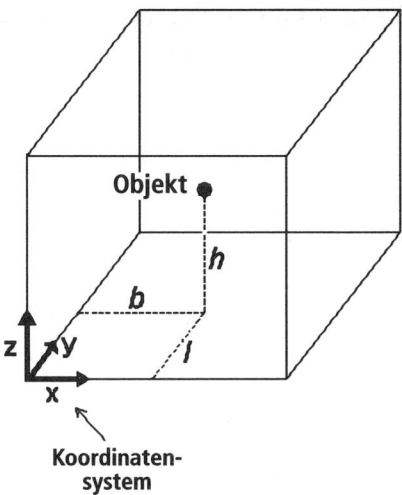

Abb. 1: Koordinatensystem und Positionsbestimmung
in einem dreidimensionalen Raum

zirka 6300 Kilometer. Die erste Angabe, nämlich die Entfernung zum Nullpunkt, ist also für die Erdoberfläche immer dieselbe, abgesehen von – im Vergleich zum riesigen Erdradius – kleinen Höhenunterschieden von 8 Kilometern für den höchsten Berg und 10 Kilometern für die tiefste Tiefseeschlucht. Die zweite und dritte benötigte Angabe sind Winkelangaben, die wir als geographische Breite und Länge kennen. Mit den drei Angaben ist also ebenfalls ein Punkt im dreidimensionalen Raum eindeutig bestimmt, nämlich in diesem Fall jeder beliebige Punkt auf der Erdoberfläche.

In der räumlich wohl geordneten Welt der drei Dimensionen kommt es aber öfter zu Phänomenen, die nicht in dieses Bild passen. Nach dem Lesen dieses Kapitels werden Sie eventuell die Welt mit völlig neuen Augen sehen – und der Computer hilft ihnen dabei! Wenden wir uns zuerst einmal der Natur der Objekte zu, die wir als real vorhanden in dieser dreidimensionalen Welt wahrnehmen. Das Verblüffendste zuerst: Wir wissen überhaupt nicht, was ein Objekt wirklich ist, auch nicht, was das Computerbild auf dem Bildschirm wirklich ist. Wieso nicht?

Wie nehmen wir Objekte der Außenwelt wahr?

Das Bild eines äußeren Objektes bildet sich zunächst in unserem Gehirn, und zwar infolge der Sinneswahrnehmungen. Die fünf Sinne wirken wie ein Empfänger, der auf fünf Kanälen gleichzeitig Signale aufnimmt. Aus diesen Sinneseindrücken wird das innere Bild eines Objekts konstruiert.

Nehmen wir uns als Stellvertreter für die anderen Sinne den Gesichtssinn vor. Wir wissen heute, dass das sichtbare Licht aus elektromagnetischen Schwingungen unterschiedlicher Frequenz besteht, vom gesamten elektromagnetischen Spektrum aber nur einen winzigen Teil ausmacht. Im langwelligeren Teil des Spektrums befinden sich unter anderem die Radio-, Fernseh- und Mikrowellen, im kurzwelligeren Teil Gamma- und Röntgenstrahlen. Das vom Objekt reflektierte oder ausgesandte sichtbare Licht, die einzige Schwingung, die für uns wahrnehmbar ist, gibt uns demnach nur einen Bruchteil der Information dessen weiter, was das Objekt eigentlich liefert, denn es reflektiert ein riesiges Spektrum von Schwingungen, eben nicht nur sichtbares Licht. Ähnlich verhält es sich mit den anderen Sinnen. Das in uns erzeugte Bild des Objekts oder seine Repräsentation ist also aus minimalen Informationen zusammengesetzt, die in keiner Weise sein komplettes Bild ergeben können.

Wenn wir jetzt meinen, trotzdem wäre doch das innere Abbild relativ korrekt, haben wir uns getäuscht. Das innere Bild projizieren wir gewohnheitsmäßig nach außen, weil wir ja »wissen«, dass es außerhalb von uns existiert und nicht innerhalb unseres Kopfes. Eigentlich bewegen wir uns also in einer inneren Welt, die auf Repräsentation von äußeren Objekten aufgebaut ist, projizieren sie aber wieder nach außen in die so genannte objektive Welt: Wir denken die Welt nach draußen!

Um die Verwirrung komplett zu machen: Wir projizieren ein dreidimensionales Bild in einem dreidimensionalen Raum, obwohl die Natur eines Objektes gar nicht an drei Dimensionen geknüpft ist, denn in unserem Geist können wir (anscheinend) normalerweise gar nicht mehr als drei Dimensionen verarbeiten. In der Mathematik aber, die Disziplin, mit deren Hilfe wir alle Naturgesetze in Formelsprache beschreiben können oder zu beschreiben versuchen, ist es überhaupt keine Schwierigkeit, mit mehr als drei Dimensionen zu rechnen. Und deshalb sind diese für uns höheren Dimensionen auch einem Computer zugänglich. Ein multidimensionales Universum aus zum Beispiel vier, fünf oder dreizehn Dimensionen ist für die Mathematik etwas vollkommen Normales, aber nicht für unsere Sinne! Diese bauen eine scheinbare dreidimensionale Welt auf, weil unser Nervensystem und unsere Gehirnfunktionen so aufgebaut sind, aber nicht, weil sie dreidimensional wäre!

Nicht die Objekte sind also dreidimensional, sondern unsere Gehirne arbeiten solcherart, dass sie uns ein dreidimensionales Weltbild vermitteln. Nicht nur, dass es für die Mathematik keine Schwierigkeit bedeutet, mit mehr Dimensionen zu rechnen, auch die Physik fordert heute mehr Dimensionen, als allgemein im Denken verankert sind. In der

Physik spricht man von »Nullpunktsenergien«, von »Vakuumenergie«, von »gekrümmten Räumen« und »Hyperräumen«. Seit Beginn des 20. Jahrhunderts haben Physiker wie Albert Einstein oder Max Planck unser Dimensionsverständnis gründlich durcheinander gebracht.

Die Apfelmännchen Mandelbrots

Auch die Mathematiker des 20. Jahrhunderts konnten durch die Verwendung eines Computers zeigen, dass bei Einbeziehung von nicht wahrnehmbaren Dimensionen, die sich aber berechnen lassen, Welten und Räume entstehen, die den Betrachter immer wieder verblüffen. Die Fraktale des Mathematikers Benoît Mandelbrot*, das berühmteste ist das »Apfelmännchen«, traten einen Triumphzug um die Welt an. Ihm war es gelungen, durch Rechenoperationen unter Einbeziehung der so genannten imaginären Zahlen phantastisch anmutende, oft durch spiralige Gebilde gekennzeichnete farbige Bilder auf den Bildschirm eines Computers zu zaubern.

Diese Fraktale beruhen auf simplen mathematischen Formeln und haben als Spezialität, dass Sie bei einer Vergrößerung »interessanter« Bereiche des fertigen Fraktals die Gesamtstruktur im vergrößerten Detailbereich wieder finden, also in einem kleinen Ausschnitt des Apfelmännchens finden Sie wieder ein Apfelmännchen – und so fort. Das Prinzip kann sich unendlich oft wiederholen, als ob wir in Welten innerhalb von Welten innerhalb von Welten eintauchen: eben

---

* Benoît Mandelbrot: *Die fraktale Geometrie der Natur*, Basel 1987.

Abb. 2: Das Apfelmännchen Benoît Mandelbrots

in andere – erst einmal abstrakte – Dimensionen. Wir wollen in diesem Buch nicht weiter auf die Fraktale oder die damit zusammenhängende Chaostheorie eingehen. Darüber ist inzwischen umfangreiche Literatur verfügbar, und es gibt Programme, um selbst Fraktale auf dem eigenen PC zu erzeugen.

Was ist die vierte Dimension – und was hat sie mit Yoga zu tun?

Beim Versuch, die nächsthöhere nicht mehr vorstellbare vierte Dimension zu beschreiben oder nur zu verstehen, scheiden sich bereits die Geister. Ich werde Ihnen jedoch an späterer Stelle PC-Programme nennen, die diese Dimension auf Ihrem PC abbilden können. Eine Gruppe von Theoretikern versucht, die vierte Dimension als vierte räumliche Di-

69

mension darzustellen, andere Gruppen sind der Meinung, die Zeit sei die vierte Dimension, manche kreieren eine vierte und fünfte Dimension als Zeitdimensionen, wieder andere sehen in der fünften Dimension den Beobachter der restlichen vier Dimensionen. Warum ist es nun überhaupt wichtig, die höheren Dimensionen oder wenigstens die nächsthöhere zu verstehen?

Die Naturwissenschaft muss sich diese Frage zwangsläufig stellen, da sie ja für sich in Anspruch nimmt, alle Erscheinungen in der Natur erklären zu wollen. Sie ist dazu aber mit einem dreidimensionalen Modell nicht in der Lage. Sie schafft es vor allem dann nicht, wenn, wie in der Quantenphysik, der Einfluss des Beobachters eines Experiments selbst als ausschlaggebender Faktor mit in die Erklärungsmodelle hineingenommen wird. Außerdem berücksichtigt die Physik schon die Zeit in vielen ihrer Formeln, ohne dass die Zeit deshalb als vierte Dimension gilt, aber sie hat die Zeit überhaupt nicht verstanden. Bis heute wissen wir nicht, was Zeit ist, obwohl wir ständig damit zu tun oder, besser gesagt, im realen Leben oft damit zu kämpfen haben.

Für diejenigen unter Ihnen aber, die sich mit geistig-spiritueller Weiterentwicklung beschäftigen, muss das Phänomen Zeit zwangsläufig eine Rolle spielen im wachsenden Selbstverständnis und im Begreifen der Scheinnatur aller äußeren Phänomene. Von diesen sagte der berühmte Yogi Paramahamsa Yogananda* einmal, dass sie wie Schattenspiele auf einer Kinoleinwand seien, eigentlich bar jeder Essenz. Verstünde man die Kinoleinwand dahinter als Symbol für unseren Geist, dann sei man erwacht aus dem Kollektiv-

---

* Paramahamsa Yogananda: *Autobiographie eines Yogi*, Bern 1975.

schlaf, in dem sich der größte Teil der Menschheit befindet. In den altindischen Yogaschriften, zum Beispiel den Yoga-Sutras des Patanjali, ist die Natur des Geistes, der Zeit und der äußeren Objekte der scheinbar dreidimensionalen Welt genauestens analysiert. Hier ist exakt beschrieben, wie man sich die zeitlich aufeinander folgenden Zustände eines »äußeren« Objektes vorstellen kann und welche Beziehung sie zu unseren Geistesfunktionen haben.

Das Zeitfenster des J. W. Dunne

Will man sich aber nicht mit dem indischen Yoga beschäftigen, sondern lieber mit westlichen Denkern, wird man ebenfalls fündig. Ein phantastisches Beispiel ist der englische Wissenschaftler J. W. Dunne, der Anfang des 20. Jahrhunderts mehrere Bücher über die Natur der Zeit schrieb. Das Wunderbare an seinen Ausführungen ist: Er wies in Versuchsgruppen mit Studenten der Universität Oxford nach, dass wir bislang ein sehr begrenztes Zeitverständnis und auch wenig Erfahrungen haben, um die Natur der Zeit wirklich zu begreifen. Er bewies in ausgedehnten Versuchsreihen, dass wir im Traumzustand die Möglichkeit haben, sowohl in die Vergangenheit zu sehen, normalerweise als Erinnerung bezeichnet, als auch in die Zukunft!

Seine daraus entwickelte Zeittheorie basiert darauf, dass wir uns zusätzlich zu den drei Raumdimensionen in mehreren Zeitdimensionen bewegen. Aufgrund seiner Versuchsreihen kam er zu der Annahme, dass wir normalerweise ein sehr enges »Wahrnehmungsfenster« besitzen, das sich durch den vierdimensionalen Raum bewegt, die vierte Dimension

Raum-Zeit-Feld von Ereignissen und subjektives Beobachtungsfenster

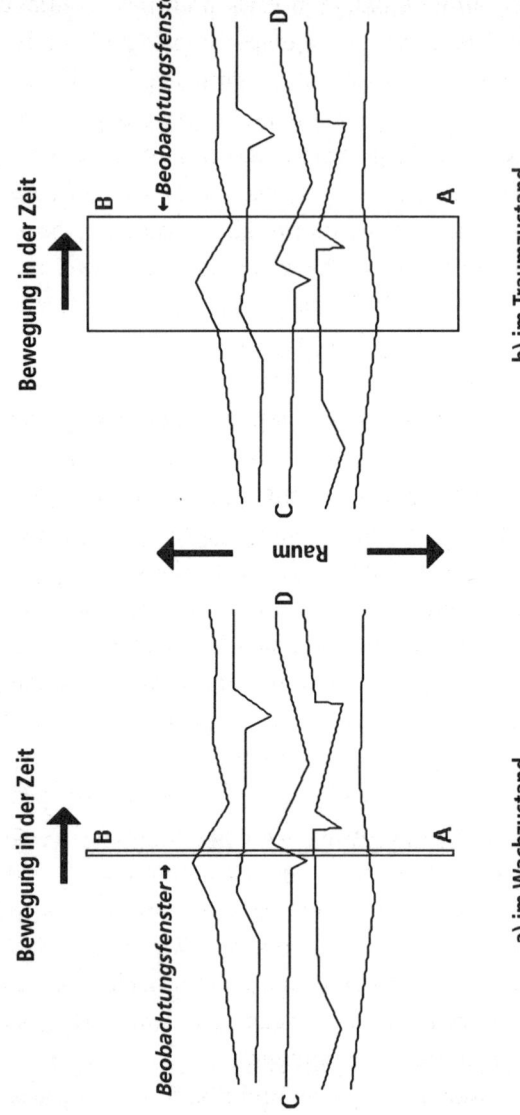

Abb. 3: Ausweitung des Wahrnehmungsfensters im Traum

dabei als Zeit gedacht. Das Fenster ist für uns die Gegenwart und stellt nur einen kleinen Ausschnitt der uns umgebenden Welt dar. Die mehr oder weniger kontinuierliche Bewegung dieses Wahrnehmungsfensters ermöglicht es uns, die Welt in sequenziellen, also nacheinander folgenden Schritten und Ereignissen wahrzunehmen. Es kommt zu einer »natürlichen« Reihenfolge der Ereignisse, zu Ursache-Wirkungs-Ketten. Im Traum aber scheint es so, als ob das schmale Wahrnehmungsfenster des Wachzustandes sich erweitert und wir sowohl Blicke in die Vergangenheit als auch in die Zukunft werfen können. Dies bestätigte Dunne durch seine Versuche.

Im Nachfolgenden versteigt sich Dunne allerdings zu immer weiteren Zeitdimensionen, weil er die Meinung vertritt, dass ein sich bewegendes Wahrnehmungsfenster ja auch eine Geschwindigkeit hat und sich in einer Zeit bewegt, die aber eine höher dimensionale Zeit sein müsste als das, was wir normalerweise unter Zeit verstehen. Damit forderte er die Notwendigkeit einer fünften Dimension. Obwohl seine Überlegungen faszinierend sind und ebenso brillant ausgearbeitet, muss man so kompliziert nicht argumentieren. Dunne hatte einfach außer Acht gelassen, dass ein innerer Beobachter, der ein sich bewegendes Wahrnehmungsfenster registrieren kann, selbst nicht an eine andere, höhere Zeit und damit an eine fünfte Dimension gebunden sein muss, sondern dass er auch *zeitlos* sein kann! Diese Erkenntnis setzt allerdings das Wissen voraus, dass nicht alles an uns Menschen an Raum und Zeit gebunden ist, sondern dass wir vieldimensionale Wesen sind, die sozusagen nur mit einem Teil ihrer Psyche und sicher ganz mit dem Körper in die dreidimensionale Welt hineinragen.

In zahllosen altindischen und tibetischen Schriften finden

sich deutliche Hinweise darauf, dass die eigentliche Natur des menschlichen Geistes zwar erfahrbar, aber zeitlos ist.

In diesen alten Kulturen konkurrierten verschiedene Philosophie-Schulen, die sich in einem alle einig waren. Der Mensch ist fähig, durch lang andauernde Übungen die eigentliche Natur seines Geistes zu erkennen. Durch Innenschau sei es uns möglich, nicht nur einen inneren Beobachter zu entdecken, der jenseits von Zeit und Raum existiert, sondern auch unseren eigentlichen geistigen Wesenskern, unser wirkliches oder göttliches Selbst, das in zeitlosen Dimensionen sein Zuhause hat. Zeit und Raum seien hingegen nur veränderliche Objekte der Erkenntnis. Somit müsse der beobachtende Geist selbst zeitlos und unveränderlich sein:

»Die innewohnende Natur des Geistes ist undefinierbar und unvorstellbar, doch sie ist zeitlos und unveränderlich.« [*]

»Der Beobachter und das primär zu Erkennende sind seine Entitäten, die sich über Zeit und Raum erstrecken. Zeit und Raum sind Formen des Wissens; deshalb ist derjenige, der dieses erkennt, eine Entität jenseits von Zeit und Raum.« [**]

Ein angenommener Beobachter im Sinne Dunnes, der sich in höheren zeitlichen Dimensionen befinden müsste als wir in unserem normalen Wachbewusstsein und unserer dreidi-

---

[*] Mahamudra, Takpo Tashi Namgyal, Motilal Banarsidass Publishers, Delhi, 1993.
[**] Yoga Philosophy of Pantanjali, Commentary by Swami Hariharananda Aranya, University of Kalkutta, 1977.

mensionalen Welt, scheidet hiernach also aus. Was also sind die vierte oder fünfte Dimension, wenn nicht die Zeit?

Zeit und vierte Dimension in der Physik

Als Physiker der neueren Zeit sei in diesem Zusammenhang der russische Wissenschaftler Nikolaj A. Kozyrev erwähnt, dessen Bücher leider zum größten Teil noch nicht übersetzt wurden. Eine Darstellung seiner Theorien ist in dem Buch *On the Way to Understanding the Time Phenomenon** (»Auf dem Wege des Verständnisses für das Phänomen Zeit«) des amerikanischen Herausgebers A. P. Levich zu finden. Kozyrev spricht von einem physikalisch vorhandenen Zeitstrom. Er entwickelte eine Theorie, dass lebende Systeme diesen Zeitstrom als frei verfügbare Energie verbrauchen. In ähnlicher Weise würden Fixsterne den Zeitfluss, der aufs engste mit der Gravitation gekoppelt sei, in Lichtstrahlung umwandeln. Sie seien also gar keine kosmischen Kernfusionsreaktoren, die die erzeugte Energie als Hitze und Licht ausstrahlen, sondern sie seien Transformatoren für Gravitations- bzw. Zeitenergie. Kozyrevs Theorie zufolge wären auch wir Transformatoren, die die Zeitenergie im Sonnensystem in Lebensenergie umwandeln.

All diese Überlegungen haben damit zu tun, dass wir bis heute noch nicht verstehen, wie die verschiedenen Feldenergien, die unsere Physiker bis jetzt fanden, miteinander gekoppelt sind und wie sie mit höheren Dimensionen in Verbindung stehen. Der britische Physiker James Clerk Max-

---

* A. P. Levich (Hg.): *On the Way to Understanding the Time Phenomenon*, World Scientific Publishing Company, September 1995.

well hatte schon im 19. Jahrhundert Formeln hierfür entwickelt, aber zu seiner Zeit verstand man sie in dieser Form nicht, und die noch heute berühmten Maxwell'schen Gleichungen, die jeder Physiker oder Elektroingenieur beherrschen muss, sind verstümmelt worden. Inzwischen wird von einigen Autoren behauptet, dass Albert Einstein zwar die lange gesuchte einheitliche Feldtheorie entwickelt hätte, zu der auch das Verständnis des Zeitphänomens gehört oder überhaupt höherer Dimensionen, dass er jedoch seine Ergebnisse dem amerikanischen Militär überlassen musste.*

Das Phänomen Zeit ist also sowohl einer subjektiven Annäherung als auch einer objektiven Erforschung zugänglich. Auch unerklärliche Zeitsprünge, die immer wieder beobachtet werden und die gut dokumentiert sind, würden dann irgendwann erklärbar. Selbst die berühmte Zeitmaschine, wie sie H. G. Wells in seinem gleichnamigen Roman beschreibt, rückt damit in den Bereich des Möglichen. Da Zeitreisen schon immer ein faszinierendes Thema waren, habe ich einem tatsächlichen Erlebnis dieser Art aus dem England des 20. Jahrhunderts ein eigenes Kapitel gewidmet (siehe das Kapitel »Zeitsprung«).

Die vierte Dimension auf dem Computerbildschirm

Alle diese Schilderungen der Versuche des Menschen, die Zeit als höhere Dimension zu begreifen, zeigen, dass wir uns jenseits der dritten Dimension mit unserem Vorstellungsvermögen ausgesprochen schwer tun. Diejenigen Wissenschaft-

---

* Preston B. Nichols, Peter Moon: *Das Montauk-Projekt*, E. T. Publishing Unlimited, 1994.

ler und Tüftler, die der Meinung sind, dass die vierte Dimension genauso wie die drei ersten eine weitere räumliche Dimension und keine Zeitdimension sei, die wir uns aber nicht vorstellen können, sollen uns jetzt beschäftigen. Ihre Resultate nämlich können auf den PC gebracht werden. Die entsprechende Software wird Ihre Wahrnehmung gehörig »durcheinander schütteln«.

Die ersten Programme dieser Art, die vor über zwölf Jahren weltweit bekannt wurden, stellten der amerikanische Wissenschaftler Thomas Banchoff und seine Kollegen am Laboratorium für Computergraphik der Brown-Universität in Providence (Rhode Island, USA) vor. Einige Benutzer sprechen davon, dass sich ihre Wahrnehmung der Welt allein durch das Betrachten der animierten graphischen Darstellungen gewandelt habe und dass sie sich jetzt höhere Dimensionen besser vorstellen könnten.

Der Sprung in die höhere Dimension

Bevor wir aber sofort in die vierte Dimension springen, nähern wir uns dem Problem und auch seiner Computerdarstellung besser Stück für Stück, ähnlich wie es auch Peter D. Ouspensky, der Philosoph und Schüler Georg Iwanowitsch Gurdjieffs, in seinem Buch *Tertium Organum** beschrieben hat. Dies wird uns die Möglichkeit geben, die ungeahnten Vorteile eines Computerprogramms zu verstehen und zu nutzen. Ouspensky griff auf Analogien zurück, um den Sprung in die vierte Dimension verständlich zu machen. In

---

* Peter D. Ouspensky: *Tertium Organum*, München 1973.

ähnlicher Weise hat auch der englische Autor, Lehrer und Shakespeare-Gelehrte Edwin A. Abbot gegen Ende des 19. Jahrhunderts in seinem Klassiker *Flatland** (»Flächenland«) auf sehr humorvolle Weise versucht, höhere Dimensionen als die uns bekannten zu beschreiben. Abbot schrieb das Buch damals unter dem Pseudonym A. Square (auf Deutsch: »Quadrat«). Diese Vorsichtsmaßnahme ist sicher nicht auf seine unterhaltsame Darstellung der von unserer Welt sehr verschiedenen Gestalt der Dinge und Lebewesen in seinem »Flächenland« zurückzuführen, sondern auf seine »scharfe Zunge«. Er benutzte die Analogie von Flachlandwesen, die er als Dreiecke, Fünfecke, Kreise usw. darstellte, um die Gesellschaftszustände des viktorianischen »flachen Lands« anzuprangern und mit köstlicher Ironie, um nicht zu sagen Zynismus, die englische Gesellschaftsordnung des 19. Jahrhunderts anzugreifen.

Auf unserem gemeinsamen Weg zum besseren Verständnis höherer Dimensionen wollen wir uns noch einige Beispiele betrachten, die anhand einfachst konstruierter Welten unser Dilemma beleuchten, weshalb wir uns mit einer vierten und höheren Dimension so schwer tun. Wir sollten verstehen, dass wir viel zu selbstverständlich gewohnt sind, in drei räumlichen Dimensionen zu denken.

Wie schon gesagt wurde, gibt es in einem Raum bekanntermaßen Länge, Breite und Höhe, also drei Richtungen, die jeweils senkrecht aufeinander stehen. Ein Mathematiker würde es, wie bereits erwähnt, so formulieren, dass unser Raum durch ein dreidimensionales Koordinatensystem aufgespannt wird, dessen Achsen senkrecht aufeinander stehen

---

* Edwin A. Abbott: *Flatland*, Dover Publications 1992 (Originalausgabe 1884); *Flächenland*, Laxenburg/Österreich 1999.

(siehe unser oben genanntes Beispiel einer normalen Zimmerecke). Wäre unsere Welt aber nur zweidimensional, gäbe es Breite und Länge, aber keine Höhe. Wir würden uns auf einer Fläche bewegen, ohne ein Wissen über das »Darüber« und »Darunter« zu haben. Reduzieren wir unsere Welt noch weiter auf eine einzige Dimension, besteht sie nur noch aus einer Linie, und alles, was sich links und rechts der Linie befindet, kann nicht mehr wahrgenommen werden.

Die Abenteuer eines »Linienwesens«

Stellen wir uns also zuerst ein eindimensionales Wesen vor, das sich ausschließlich entlang einer Linie bewegen kann. Es gibt kein Links oder Rechts, kein Oben oder Unten, nur Vor und Zurück. Würde man jetzt von einer Seite, also in einer zweidimensionalen Welt (die für die Wahrnehmung dieses Wesens überhaupt nicht existiert!), einen Kreis, das heißt ein zweidimensionales Objekt, quer durch diese Linie schieben, berührte dieser Kreis die Linie zuerst in einem Punkt, dann entstehen entlang der Linie zwei Schnittpunkte, die sich zuerst voneinander fortbewegen, sich dann aber, wenn der Kreis mehr als zur Hälfte durch die Linie geschoben ist, wieder aufeinander zubewegen, zu einem Punkt verschmelzen und danach aus der Wahrnehmung des eindimensiona-

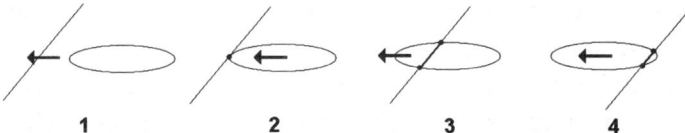

Abb. 4: Ein Kreis, der durch eine eindimensionale
Linienwelt wandert

len Wesens vollkommen verschwinden. Aus unserer Sicht verstehen wir ohne Probleme, was tatsächlich geschieht. Aus Sicht des eindimensionalen Linienwesens entstehen aber nur Schnittpunkte, die sozusagen aus dem Nichts auftauchen und keinen erkennbaren Zusammenhang miteinander aufweisen.

Hätte der Kreis eine bestimmte Farbe gehabt, zum Beispiel Rot, und wäre die Kreisfläche voll damit ausgefüllt gewesen, dann hätte unser eindimensionales Wesen einen roten Strich wahrgenommen, der scheinbar aus dem Nichts aus einem Punkt heraus stetig wächst und danach wieder schrumpft und verschwindet. Es würde diesen Kreis als eine solche sich in der Länge verändernde Linie beschreiben, hätte aber überhaupt nicht verstanden, was ein Kreis eigentlich ist bzw. was zu dem Phänomen der roten Linie geführt hat. Eine zusätzliche Schwierigkeit ergibt sich dadurch, dass das Linienwesen ja nicht die Linie so wie wir von oben sehen kann, sondern dass es die Linie sozusagen »abfahren« muss, um einen Eindruck von ihrer Länge zu bekommen. Dieses Wesen kann nicht zur Seite treten oder sich über die Linie erheben, um das Phänomen aus einer anderen Perspektive zu betrachten.

Sie ahnen schon, warum wir mit einem solchen vereinfachten Beispiel beginnen, um uns schließlich der vierten, also einer für uns nicht wahrnehmbaren Dimension anzunähern. Im schon erwähnten Buch *Flatland* ist ein wunderbarer Dialog zu finden, in dem der Held der Geschichte, ein Flachländer aus der zweiten Dimension, dem Monarchen eines Linienuniversums zu erklären versucht, was eine Fläche ist. Der Erklärungsversuch endet in einem Debakel, da der Linienmonarch bei seiner Meinung bleibt, dass außerhalb seiner Linie nichts existiere und diese das bekannte Universum darstelle.

Wer etwas anderes behaupte, sei verrückt und gehöre einge-
sperrt. Hier hat Abbot das Schicksal seines Erzählers im Buch
vorweggenommen. Nebenbei sei bemerkt, dass im Jahre
1600 der italienische Mönch Giordano Bruno in Rom auf
dem Scheiterhaufen verbrannt wurde. Er wurde wegen seiner »theologischen Irrtümer« als Häretiker verurteilt. Unter
anderm hatte er auch behauptet, es gäbe unentlich viele bewohnte Welten in einem unendlichen Universum und die
Erde sei rund ...

Wunder im Land der »Flächenwesen«

Im nächsten Beispiel stellen wir uns ein zweidimensionales
Wesen vor, das sich auf einer Ebene bewegen kann, aber weder einen Begriff von der Welt über der Ebene hat noch von
der unter der Ebene. Die Welt ist in der einen Ebene des
Raumes für dieses Wesen beliebig ausgedehnt, aber eben nur
in dieser. Von oben, einer in dieser Flächenwelt »nicht exi-
stenten« dritten Dimension, wird jetzt ein runder Stab, ein
dreidimensionales Objekt, durch diese Ebene geschoben. An
der Durchtrittsstelle erscheint plötzlich ohne Vorwarnung

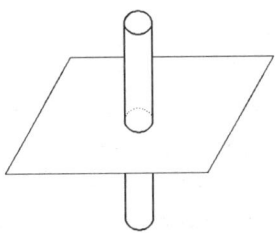

*Abb. 5: Ein Stab schiebt sich aus der dritten Dimension
durch eine zweidimensionale Flächenwelt*

ein Kreis, der Kreis bleibt eine Weile sichtbar – nämlich so lange, wie der Stab durch die Ebene geschoben wird –, dann verschwindet er so plötzlich, wie er gekommen war.

Ein weiteres ähnliches Ereignis wäre folgendes. Eine Kugel, also ein dreidimensionaler Körper, nähert sich von oben der Ebene, und auch sie ist vor Berührung der Ebene für ein Flächenwesen nicht sichtbar. Dann ensteht auf der Ebene durch die Berührung ein Punkt, der sich rasch zu einem Kreis erweitert, der Kreis schrumpft während des Durchtritts der Kugel durch die Ebene wieder zu einem Punkt und verschwindet ganz. Das Beobachten des Kreises, der auf der Ebene erscheint und sich verändert, liefert wiederum keinerlei Anhaltspunkte für das zweidimensionale Wesen, was die wirkliche Ursache für die Kreismanifestation darstellt, denn es kann die Kugel nicht sehen und auch sonst nicht wahrnehmen. Es hat keinerlei Konzept darüber, dass etwas von oben kommen kann und nach unten verschwinden könnte; oben und unten gibt es einfach nicht in dieser Welt.

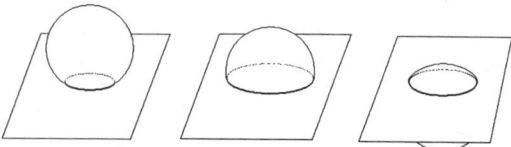

Abb. 6: Eine Kugel schiebt sich durch die Ebene

Außerdem muss bei diesen Beispielen auffallen, dass eine ursprüngliche Bewegung von den gedachten niedriger dimensionierten Wesen dahin gehend fehlinterpretiert wird, dass es sich anscheinend um ein vorübergehendes, spontan auftretendes Phänomen handelt, ein Werden und Vergehen. Eine Linie entsteht und vergeht, ein Kreis vergrößert sich aus einem Punkt heraus und verschwindet wieder. In Wirklichkeit ist weder etwas entstanden noch vergangen, sondern ein bereits existierender und weiter existierender Körper ist durch einen anderen gereist, in einer gleichförmigen Bewegung, ohne sich zu verändern. Scheinbare Veränderung in der zweidimensionalen Welt ist also in diesem Fall verursacht durch Bewegung, aber nicht durch eine wirkliche Veränderung in der höheren Dimension, der dreidimensionalen Welt. Ahnen Sie bereits, dass Werden und Vergehen in unserer Welt vielleicht gar kein Veränderungsprozess ist, sondern nur die Bewegung von unveränderlichen Körpern durch die vierte Dimension?

Das Neuland der vierten Dimension

Jetzt sind Sie genügend vorbereitet, um den Schritt in die nächsthöhere, die vierte Dimension zu wagen. Als Nächstes stellen wir uns ein dreidimensionales Wesen vor, das die Welt so wahrnimmt, wie wir es als Menschen tun. In diesen dreidimensionalen Raum tritt jetzt ein angenommener vierdimensionaler Körper, von dem wir nicht wissen, wie er aussieht, den wir aber mathematisch beschreiben könnten. Ähnlich der kreisförmigen Schnittfläche des vorherigen Beispiels der Flächenwelt sehen wir in unserem Raum eine dreidimensionale Kugel entstehen, sie wird größer, schrumpft wieder und verschwindet.

Wie aber sieht der vierdimensionale Körper aus, der in unserer Welt zu einer Kugelerscheinung wird? Das eben können wir uns nicht mehr vorstellen, unser Geist verlässt uns sozusagen. Wir können nur die Projektion des vierdimensionalen

Körpers auf einer niedrigeren Dimension begreifen, in unserem Beispiel die aus dem Nichts heraus erscheinende dreidimensionale Kugel. Diese Kugel würde praktisch keinen Aufschluss darüber geben, wie der vierdimensionale Körper wirklich aussieht, der dieses Kugelphänomen hervorruft.

Der Argumentation des letzten Abschnittes folgend, würde auch ein Mensch in unserer normalen Welt, der dritten Dimension, zwar entstehen, größer und älter werden und schließlich sterben, aber in der vierten Dimension entspräche dies nur einer Bewegung ein und desselben vierdimensionalen Körpers. Offensichtlich haben wir hier eine Bewegung in der Zeit eines sich überhaupt nicht verändernden (!) vierdimensionalen Menschen. Aber ist diese Zeit, in der sich der vierdimensionale Mensch bewegt, die gleiche Art von Zeit, die uns ein irdisches Zeitgefühl vermittelt, ein Gefühl für die Dauer von Vorgängen? Wenn das so wäre, dann könnten wir ja durchaus die vierte Dimension wahrnehmen.

Noch ein Abenteuer aus dem Flächenland

Da wir mit dem letzten Beispiel wahrscheinlich an die Grenze unseres Vorstellungsvermögens gekommen sind, schlage ich vor, dass wir noch einmal von der dritten auf die zweite Dimension zurückgehen. Wir betrachten wieder das zweidimensionale Wesen, das sich auf einer Ebene bewegt und weder Oben noch Unten kennt. Diesmal ist die Fläche aber gekrümmt, allerdings handelt es sich um eine Krümmung, von der die Bewohner der zweidimensionalen Welt nichts wissen. Stellen Sie sich die Ebene der Einfachheit halber als ein Blatt Papier vor, das Sie zu einem Halbrund biegen, sodass das Papier wie ein Stück Regenrinne aussieht. Für das zweidimensionale Wesen ist dieses Papier immer noch eine Ebene mit zwei Dimensionen, es bemerkt in dieser gekrümmten Flächenwelt nichts von einer Krümmung.

Jetzt schieben Sie einen Stab so durch das Papier, dass er es an zwei Punkten durchdringt und dort als Schnittfiguren zwei Kreise (oder Ovale) hinterlässt. Der Stab wird nicht erkannt, da er sich in der dritten Dimension befindet. Für das zweidimensionale Wesen entstehen zwei unabhängige Objekte, zwei Kreise, die nichts miteinander zu tun haben. Vielleicht entdecken die »Wissenschaftler« dieser Flächenwelt nicht nur die »Lebensform Kreis«, sondern irgendwann auch Koinzidenzen: Immer dann, wenn ein Kreis auftaucht, entsteht auch an anderer Stelle ein zweiter Kreis. Eine Weile sind sogar beide Kreise zur gleichen Zeit vorhanden, und man schließt auf eine gemeinsame Ursache oder vermutet erst einmal fälschlich, dass der eine Kreis die Ursache vom zweiten sei. Interessant ist das Beispiel auch deshalb, weil Physiker des 20. Jahrhunderts durchaus Modelle von räumlich gekrümmten Welten gefordert haben – die wir uns aber leider nicht mehr vorstellen können.

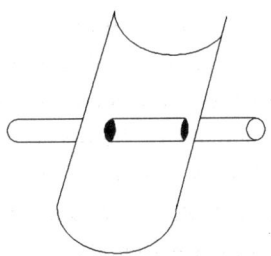

Abb. 7: Ein Stab schiebt sich durch eine gekrümmte Flächenwelt

Wir bemerken anhand der Beispiele sehr deutlich, dass die Bewohner einer zweidimensionalen Welt sich ausschließlich in Vermutungen ergehen können. Sie stellen Theorien auf über ein Phänomen, ohne es überhaupt ansatzweise verstanden zu haben. Wären Sie nicht auch der Meinung, dass uns dies in der bekannten dreidimensionalen »Normalwelt« schon passiert sein könnte? Wie viele Phänomene mag es geben, die ihren Ursprung in einer anderen Dimension haben, deren Wahrnehmung uns in der Regel verschlossen ist? Wie viel begreifen wir überhaupt von unserer Umwelt?

Plato und seine Höhle

Übertragen wir die Beispiele wieder auf die dritte und vierte Dimension. Das zuletzt geschilderte Beispiel legt nahe, dass es auch in unserer normalen Welt, die wir als dreidimensional bezeichnen oder wahrnehmen, mehrere voneinander getrennte Objekte geben könnte, die in Wirklichkeit Erscheinungsformen oder Projektionen eines einzigen (!) vierdimensionalen Objektes sind. Unser Raum könnte gekrümmt sein, wie es ja Physiker und Mathematiker schon behauptet haben. Würden wir wieder die oben angewandte Logik anwenden, könnten wir jetzt sogar schließen, dass zwei Menschen, die unabhängig voneinander in der dreidimensionalen Welt auftauchen, eigentlich Erscheinungsformen ein und desselben vierdimensionalen Lebewesens sind! Vereinfacht könnte man sagen: Nichts ist so, wie es zu sein scheint!

Auch Plato gibt hierfür ein wunderbares Beispiel in seinem berühmten »Höhlengleichnis« (*Der Staat*, 7. Buch), in dem er die Objekte und Menschen, die wir sehen, mit Schatten vergleicht, die auf einer Höhlenwand entstehen. Wenn man auf einer Seite der Höhle ein Feuer entfacht und die Menschen und Objekte sich in der Mitte der Höhle am Feuer vorbeibewegen. In seinem Beispiel handelte es sich um Gefangene in der Höhle, die das Feuer nicht sehen konnten und so die Schatten an der Höhlenwand für die Realität hielten. Einem dieser Gefangenen gelang es allerdings, sich umzudrehen und das Feuer wahrzunehmen. Hierdurch war es ihm offensichtlich möglich, die Wahrnehmungstäuschung zu durchschauen.

Wir sehen nach Platos Meinung in der so genannten realen Welt nicht die Menschen, wie sie wirklich sind, sondern nur ihre Schatten. Ein Schatten ist eine zweidimensionale Projektion eines dreidimensionalen Objekts. Offensichtlich stimmt also etwas nicht mit unserer Sinneswahrnehmung, wir sind wie in Platos Beispiel Gefangene einer gewohnheitsmäßigen Wahrnehmungstäuschung. Es scheint uns aber durchaus gegeben, die eigentlich ganz anders gestaltete Realität so wahrzunehmen, wie sie wirklich ist.

Das Problem der möglicherweise falschen Wahrnehmung höherer Dimensionen ist also kein Thema, das erst in unseren Tagen auftauchte. Eine Naturwissenschaft, die dies nicht in ihre Überlegungen und Experimente mit einbezieht, muss zwangsläufig unvollständig sein und zahlreiche Lücken enthalten, und zwar Lücken derart gravierender Natur, dass bestimmte Phänomene mit ihr überhaupt nicht erklärbar sind.

In einer solchen Situation befinden wir uns tatsächlich. Da wir weder begreifen, wie die höheren Dimensionen um uns gestaltet sind, noch die Funktionsweise des menschlichen Bewusstseins verstehen – die Psychologen unter Ihnen mögen mir verzeihen –, können wir zum Beispiel nicht erklären, wie einige Menschen aufgrund besonderer Fähigkeiten materielle Objekte in ihrer Umgebung mit ihrem Geist zu beeinflussen vermögen. Ebenso ist mit den vorhandenen wissenschaftlichen Modellen nicht erklärbar, wie zwei Menschen telepathisch in Verbindung treten können, in beliebiger Entfernung voneinander und ohne Zeitverzug. Auch die merkwürdigen Phänomene, die es im Zusammenhang mit unserer Zeit gibt, trotzen noch allen Versuchen, sie in bekannte Denkmodelle hineinzupressen. Es gibt viele dokumentierte Fälle, in denen Menschen Zeitsprünge erlebt haben, meistens in vergangene Welten, die es in dieser Form überhaupt nicht geben dürfte. Der Autor Ernst Meckelburg hat hierzu faszinierendes Material zusammengetragen. Einen seiner Fälle stelle ich Ihnen, wie gesagt, im Kapitel »Zeitsprung« vor.

Wie bringt uns der PC weiter?

Kehren wir nach diesem etwas längeren Ausflug nun wieder zum PC zurück. Bei welchen Denkmodellen für höhere Dimensionen kann uns der Computer helfen? Die vierte Dimension als Zeitdimension zu begreifen, dafür ist der PC leider noch nicht nutzbar; zumindest ist mir keine Möglichkeit dafür bekannt oder im Moment vorstellbar. Das soll aber nicht heißen, dass er uns in Zukunft nicht auch hier helfen könnte. Was er jedoch heute schon kann, ist die Darstellung einer vierten Dimension als weitere Dimension des Raumes, des vierdimensionalen Raumes, und damit können wir vierdimensionale Objekte auf dem Bildschirm abbilden.

Für eine einfache Variante, bei der Ihnen Körper gezeigt werden, die es eigentlich gar nicht geben kann, existieren

Abildungen sowohl im Internet als auch in Büchern. Diese Bilder allein sind zwar faszinierend, aber sie brauchen dazu nicht unbedingt einen PC, um sie sich anzusehen. Ein typisches Beispiel ist die so genannte Klein'sche Flasche (nach dem deutschen Mathematiker Felix Klein), die die Mathematiker schon lange beschäftigt. In der mathematischen Teildisziplin Topologie werden solche und noch viel verrücktere Körper und Oberflächen untersucht. Eine Klein'sche Flasche gehört zu den Körpern, die in ihrem Oberflächenverlauf wieder in sich zurückgeführt werden, aber auf eine solche Weise, dass die Außenfläche plötzlich zur Innenfläche gehört und umgekehrt.

Da diese Durchdringung zwar zeichnerisch angedeutet werden, aber in unserer dreidimensionalen Welt als Gegenstand nicht existieren kann, ohne dass die Oberflächen der Gegenstände verletzt werden (zum Beispiel dort, wo der Hals der

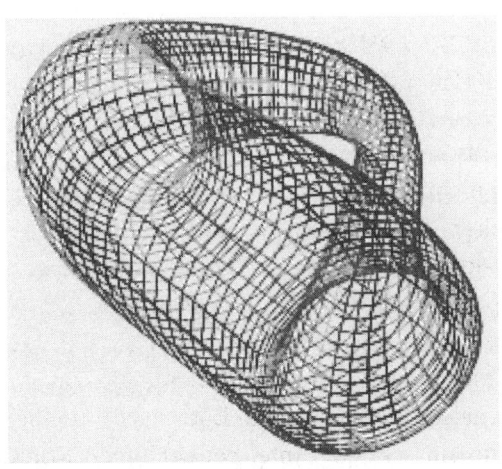

Abb. 8: Die Klein'sche Flasche

Klein'schen Flasche den Flaschenkörper durchdringt), postuliert man eine vierte Dimension, in der diese Körper problemlos existieren können.

Das Möbius'sche Band und freie Energie

Ein einfacheres Beispiel als die Klein'sche Flasche – und auch praktisch nachvollziehbar – ist das Möbius'sche Band (nach dem deutschen Mathematiker und Astronom August Ferdinand Möbius), das Sie sich sogar selbst aus Papier basteln können. Bei diesem Band gehen Innen und Außen nahtlos ineinander über. Abgesehen davon, dass die Konstruktion die Mathematiker schon immer fasziniert hat, sind einige Elektroingenieure und Physiker schon längst darauf gekommen, dass elektrische Spulen, als Möbius'sche Bänder gestaltet, ganz überraschende Feldeigenschaften entwickeln. Japanische Universitäten scheinen hier führend zu sein. Die Maschinen, die man mit solchen Spulen bauen kann, erzeugen mehr Energie, als sie verbrauchen! Die Verletzung bekannter physikalischer Gesetze findet nur scheinbar statt, denn die Energie wird aus dem so genannten Vakuumfeld angezapft, ein Bereich, der den Physikern inzwischen wohl bekannt ist.

Vielleicht haben Sie aus der Schule noch eine Spielerei mit einem Papierstreifen in Erinnerung, den Sie zu einem Ringstreifen zusammengeklebt, dabei aber vorher den Streifen um eine halbe Drehung um sich selbst gedreht haben? Das Ergebnis ist ein Möbius'sches Band.

Sie könnten vielleicht meinen: »Sieht ja ganz lustig aus, aber was hat das mit anderen Dimensionen zu tun?« Nun,

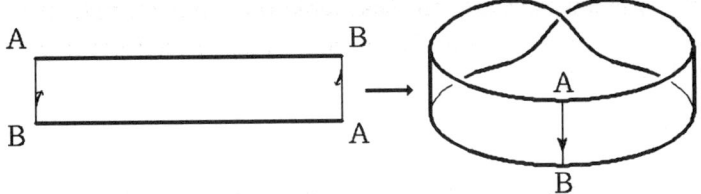

Abb. 9: Das Möbius'sche Band

versuchen wir einmal, einer anderen Person solch ein Band zu beschreiben: »Also, stell dir vor, das Band hat nur eine Fläche, bei der man nicht zwischen Oben und Unten unterscheiden kann. Ziehst du auf der Oberfläche mit einem Bleistift eine Linie, kommst du nach einer Weile in das ›Innere‹ des Bandes, danach wieder, ohne über Knicke oder Kanten zu gehen, auf den Ausgangspunkt zurück. Es gibt kein echtes Innen oder Außen.«

Diese Beschreibung trifft auf keine uns sonst bekannte Oberfläche zu, denn Sie kommen zwar auch auf einer Kugel wieder an den Ausgangspunkt zurück, aber Sie gelangen nicht in das Innere der Kugel, und diese besitzt sehr wohl ein Innen und ein Außen. Beim Möbius'schen Band scheinen die Regeln der drei Dimensionen verletzt zu sein. Ist es deshalb ein vierdimensionaler Körper? Allein das Nachdenken über dieses Band – auch ohne einen PC – kann schon interessante Prozesse in unserem Bewusstsein in Gang setzen. Solche Möbius'schen Bänder mit einer unterschiedlichen Anzahl von Verwindungen können Sie auch im Internet bewundern. Wer im Programmieren begabt ist, kann sich entsprechende Formen auch selbst auf den Bildschirm zaubern.

Falls Sie in der Schule oder der Universität gelernt haben sollten, dass die Möbius'schen Bänder nicht durch eine Formel darstellbar sind, man sie deshalb nicht rechnerisch generieren kann und sie folgemäßig auch einem Computer schlecht zugänglich sind, dann vergessen Sie diese Falschinformation schnell wieder. Möbius'sche Bänder entstehen durch eine sehr einfache Gleichung und sind im Nu programmiert. Sie können Bänder mit beliebig vielen Verwindungen entstehen lassen und sie auch räumlich anordnen, indem Sie sie zum Beispiel über eine gedachte Kugel winden. Diese Formen sind technisch hoch brisant in ihrer Wirkung und haben auch schon die ersten Esoteriker auf den Plan gerufen – vor allem wegen ihres möglichen bewusstseinserweiternden Effektes. Technische Möbius'sche Bänder, also in Form von elektrischen Spulen gestaltet, können die normalen Strukturen unseres dreidimensionalen Raumes aufbrechen.

Rotierende vierdimensionale Körper – der Hyperkubus

Um aber den PC voll zur Geltung kommen zu lassen, wenden wir uns rotierenden Körpern zu, die höhere Dimensionen viel anschaulicher demonstrieren können. Es gibt hierzu Software und fertige Demoprogramme im Internet (siehe Literaturverzeichnis und Internet-Adressen am Ende des Buches), im Programmieren erfahrene Leser können sich auch solche Programme selbst schreiben. Das Prinzip ist einfach. Die meisten Programme dieser Art beschäftigen sich mit einem vierdimensionalen Würfel, einem Hyperkubus. Dieser Würfel wird in der Regel als Rahmenmodell oder Drahtmodell (in einem Rahmenmodell sind nur die Kanten dargestellt, die Eckpunkte sind also mit Linien verbunden, die

Flächen sind frei gelassen) dargestellt und auf dem Bildschirm kontinuierlich gedreht.

Wie man das auf einem flachen Bildschirm macht? Nun, bereits bei einem dreidimensionalen Objekt, also einem ganz normalen Würfel, haben Sie dieses Problem, denn wie soll man etwas Räumliches auf einer Fläche darstellen? Sie wissen, dass dies ganz gut funktioniert, und jedes Bild oder Foto ist ja Beweis genug dafür, dass man als Beobachter die Struktur von Räumen versteht, wenn sie geschickt auf eine Fläche, also etwas Zweidimensionales, gebannt werden. Im Übrigen ist schon unser Auge ein »Gerät«, das auf der Netzhaut zweidimensionale Bilder erzeugt. Erst der Winkelabstand beider Augen macht es dem Gehirn möglich, ein dreidimensionales Bild zu generieren. Dass dieses auch erst gelernt werden muss, zeigen die Erkenntnisse über Kleinkinder, die anfangs nur Farbmuster wahrnehmen und erst mit der Zeit lernen, voneinander getrennte Dinge und Entfernungen zu registrieren. Anfangs können sie optisch nicht einmal zwischen sich und der Umwelt unterscheiden!

Will man also einen normalen dreidimensionalen Würfel sich drehend auf einer Bildschirmoberfläche darstellen, muss man die ständig sich ändernden Projektionen auf die Fläche berechnen. Dies geht relativ einfach. Bei einem vierdimensionalen Würfel gibt es ein ähnliches Problem. Aber wie kann man sich einen vierdimensionalen Würfel auch nur ansatzweise vorstellen?

Eine mögliche Hilfestellung ist die Methode, wie man aus einem Quadrat einen normalen Würfel entstehen lässt. Wenn Sie ein Quadrat zeichnen und sich dann ein zweites Quadrat vorstellen, das genauso groß wie das gezeichnete über der Zeichenebene schwebt, und der Abstand zum gezeichneten

Quadrat auf dem Papier ist genau eine Kantenlänge des Quadrates, dann haben Sie das Kantenmodell eines Würfels erzeugt. Er ensteht also dadurch, dass wir ein Quadrat aus sich
herausheben, in die nächsthöhere, dritte Dimension. Aus den
vier Ecken des Quadrates werden somit die acht Ecken des
Würfels.

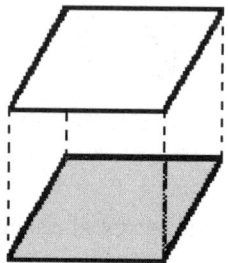

Abb. 10: Entstehung des Würfels aus einem Quadrat

Genauso können Sie sich vorstellen, wie man einen räumlichen, dreidimensionalen Würfel aus sich heraushebt, also
eine Kopie von ihm erzeugt, und wiederum die Ecken des
Ursprungswürfels und der Kopie miteinander verbindet.
Das Herausheben findet diesmal aber in die vierte Dimension hinein statt und ist deshalb nicht mehr sichtbar, sondern
nur noch theoretisch denkbar. Abb. 11 kann lediglich eine
Hilfestellung sein, denn anschaulich ist der vierdimensionale Würfel so nicht mehr darstellbar.
Wie einen normalen Würfel, den man in eine Fläche von sechs
Quadraten aufklappen kann, kann man auch den vierdimensionalen Würfel aufklappen, und es entstehen sechs dreidimensionale Würfel, wie sie der berühmte Maler Salvador Dalí
in seinem Bild »Kreuzigung (Corpus Hypercubus)« dargestellt
hat. Ein vierdimensionaler Würfel ist genau berechenbar: Er

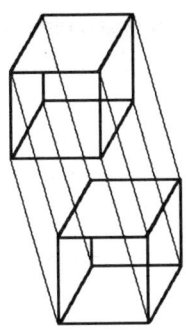

*Abb. 11: Enstehung eines vierdimensionalen Würfels
aus einem dreidimensionalen Würfel*

hat 16 Ecken, 32 Kanten, 24 gewöhnliche Flächen und 8 Hyperflächen, die normalerweise nicht mehr darstellbar sind. In den Programmen lässt man sich dafür aber etwas einfallen.

In der Regel wird bei der Drehung eines Körpers im Raum und der Darstellung auf dem Computerbildschirm eine Drehung um eine beliebige Raumachse so berechnet, dass man nacheinander mehrere Drehungen um drei Achsen stattfinden lässt. Dies sind drei senkrecht aufeinander stehende Drehachsen, ähnlich den drei Achsen des räumlichen Koor-

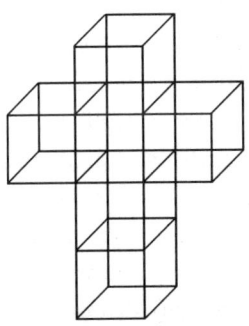

Abb. 12: Aufgeklappter vierdimensionaler Hyperkubus

dinatensystems, das ich am Anfang des Kapitels erwähnte. Nun haben wir im vierdimensionalen Raum eine Achse mehr, aber für das Programm ist das kein Problem. Interessant wird es dann, wenn man sich überlegt, wie man die Punkte und Kanten (im Drahtmodell) darstellen soll.

Normalerweise ist ein Punkt durch drei Koordinatenwerte (Länge, Breite, Höhe) gegeben, die genau seine Lage im Raum beschreiben. Für die Bildschirmdarstellung lässt man einfach eine dieser Koordinaten weg, weil ohnehin nur zwei Koordinaten darstellbar sind. Bei der Darstellung eines vierdimensionalen Objektes müssen Sie sogar zwei Koordinaten weglassen, aber welche? Noch interessanter geht es bei den Kanten zu, die ja bekanntlich durch Verbindung zweier Eckpunkte durch eine Linie entstehen. Hierfür gibt es beim Hyperkubus fast unendlich viele Möglichkeiten (für den Mathematiker: 32 Fakultät), das sind genau 263 130 836 933 693 530 167 218 012 160 000 000, also 263 Sextilliarden.

Es gilt also, sich für einige der 32 Kanten zu entscheiden. Das Ergebnis ist eine verblüffende, ständig sich verändernde Ansicht des Hyperkubus, die uns bei ihrer Rotation immer wieder vor Rätsel stellt und sich nicht mit unseren Vorstellungen von einem bekannten Objekt deckt: Wir verstehen einfach nicht, was sich da auf dem Bildschirm dreht. Die übereinstimmende Aussage aber fast aller, die sich mit solch einem Programm auch nur als Zuschauer beschäftigen, ist, dass nach und nach eine Ahnung heraufdämmert, wie ein solches Objekt beschaffen sein könnte, ja einige Menschen haben beim Zuschauen die merkwürdigsten Zustände erlebt und sind fast in Trance geraten. Sie hatten das Empfinden, ihr Raumgefühl würde sich auf bisher nie gekannte Art erweitern. Unsere normale Wahrnehmung und unser Weltbild werden einfach durch diese unmöglichen und doch möglichen Ansichten des Hyperkubus gesprengt. Sie aktivieren offensichtlich mit der Zeit Gehirnbereiche, die brachlagen. Denn wer sagt uns denn, dass wir vier Dimensionen nicht wahrnehmen können? Wir haben es nur nicht gelernt!

In dieser Weise verstanden, wirken die Hyperkubus-Programme ähnlich wie ein Zen-Koan. Bei diesen wird der Schüler vom Zen-Meister mit einer Frage konfrontiert, die er logisch nicht mehr beantworten kann und deshalb eine Schicht seines Bewusstsens freilegt, die bis dahin inaktiv war oder zu wenig zu ihrem Recht kam, eine Bewusstseinsschicht, die sich sehr wohl mit Dimensionen beschäftigen kann, die außer Reichweite unserer normalen Wahrnehmung liegen. Beispiele für Zen-Koans sind: »Wie klingt das Geräusch *einer* klatschenden Hand [das es ja eigentlich nicht geben kann]?« Oder: »Was ist die Größe der Zahl minus Eins?« (Negative Zahlen, wie hier minus Eins, existieren ja eigentlich nicht, sie sind »Nichtzahlen«, die man durch Abzählen von Gegenständen oder Ähnlichem nicht ermitteln kann.) Das Nachdenken über diese Fragen – oder besser das lockere geistige Verweilen bei einem solchen Thema – resultiert oft in einem Aussetzen des bewussten Verstandes und der Manifestation eines neuen, bisher unbekannten Bewusstseinszustandes.

Obwohl die Programmierung des sich drehenden Hyperkubus gar nicht so schwer ist, können Programme dieser Art Ihre Wahrnehmung der Welt wirkungsvoll erweitern. Die dabei gemachten Erfahrungen könnten Ihnen auch ein Anstoß sein, sich mit den immensen Möglichkeiten unseres Gehirns und Nervensystems zu beschäftigen. Westliche Wissenschaftler und östliche Weise sind sich darüber einig, dass der Durchschnittsmensch nur maximal 5 bis 10 Prozent seiner geistigen Möglichkeiten nutzt. Der Rest seines Gehirns liegt brach! Sowohl der Osten als auch der Westen haben hervorragende Methoden hervorgebracht, die es uns ermöglichen, zunehmend mehr geistiges Potenzial in uns zu erschließen. Wollen Sie in dieser Richtung fortschreiten, wäre es wahrscheinlich das Beste, einen der traditionellen spirituellen Wege* zu beschreiten. Diese Wege sind dadurch gekennzeichnet, dass sie eine Vielzahl von Methoden bieten und vor allem auf eine gleichmäßige Entwicklung von Geist, Seele und Körper achten. Sich dabei von einem Lehrer leiten zu lassen ist nichts Falsches und sogar für den Anfang zu empfehlen. Spätestens dann, wenn Sie einen solchen Weg begonnen haben, werden Sie bemerken, dass die gesteigerte Wahrnehmungsfähigkeit nur einen winzigen Teil dessen darstellt, was es im Geistig-Spirituellen zu entdecken und zu verwirklichen gilt.

---

* Östliche Wege: Yoga, Qigong, Tantra. Westliche Wege: Rosenkreuzer, Anthroposophen, Freimaurer. Auch die Indianer Nord- und Südamerikas besitzen noch eine ungebrochene spirituelle Tradition. Mittlerer Osten: Sufis.

Der Tarot – Lebensberatung aus dem alten Ägypten

Tarotkarten sind etwas Mysteriöses. Umso mysteriöser ist es, wenn das Arbeiten mit dem Tarot auch auf einem PC möglich sein soll. Und vor allem: Was hätte das Legen von Tarotkarten mit geistig-spiritueller Entwicklung zu tun?

Der Tarot ist ein sehr eigentümliches Kartenspiel, das seit vielen Jahrhunderten in Europa zur Divination, also zu Wahrsagezwecken, verwendet wird. Eigentlich kommt ihm aber eine weit tiefere Bedeutung zu, die in der Regel immer nur den Eingeweihten mystischer Orden zugänglich war. Das Spiel besteht aus 78 Karten, von denen 22 die großen Arkana (Geheimnisse) genannt werden, die übrigen 56 Karten bilden die kleinen Arkana. Der bei uns gebräuchliche Tarot beruht auf den 22 Buchstaben des hebräischen Alphabets und ist dadurch aufs engste mit der jüdischen Kabbala und somit der Zahlenmystik verbunden.

Die Ursprünge des Tarots

Die Bewahrer des geheimen Wissens sowohl der Kabbala als auch des Tarots waren die Geheimgesellschaften, im Westen also die gnostischen Sekten, Kabiren, Araber, Alchemisten, Tempelherren, Rosenkreuzer und Freimaurer. Parallel zu der geheimen Tradition waren die Karten aber in der allgemeinen Bevölkerung bekannt und hatten sich bereits im 14. Jahrhundert über ganz Europa verbreitet. Der französische Okkultist Eliphas Levi bringt in seinen Werken Nachweise, dass der Tarot bereits im alten Ägypten, China und Indien bekannt war, ganz im Gegensatz zu Arthur Edward Waite*, der die Meinung vertrat, dass es den Tarot erst seit dem 14. Jahrhundert gibt und dass er eine geheime Bildersprache des Albigenserordens** gewesen sei. Mit dieser Meinung steht er allerdings recht allein da. Immerhin ist das von Waite entwickelte und überarbeitete Tarot heute eines der meistgebräuchlichen.

Eine Beziehung des Tarots zu den ägyptischen Mysterienkulten würde bedeuten, dass der Tarot wahrscheinlich nicht nur einige tausend Jahre alt ist, sondern sogar älter als 21 000 Jahre, da sich die ägyptische Kultur von der legendären atlantischen herleitet. Zu dieser Zeit liegt nach Ernst Kurtzahn das vermutete Baujahr der ägyptischen Pyramiden (ein Alter von 5000 Jahren für die Pyramiden ist nicht mehr haltbar, seit durch neuere Untersuchungen anzunehmen ist, dass Pyramiden und Sphinx bereits eine der Sintfluten überlebt haben).

Dass der Tarot heute nur in engem Zusammenhang mit der jüdischen Kabbala und dem hebräischen Alphabet gesehen wird, liegt daran, dass das jüdische Volk als Bewahrer des alten ägyptischen Wissens diente, das ihnen Moses, einschließlich der Schrift, gegeben hatte. Das Wort »Tarot« in einem Kreis angeordnet, sodass sich das erste und das letzte »T« decken, lässt sich übrigens auch als »Tora« lesen. Dies bedeutet im Jüdischen »Gesetz«.

---

* Schöpfer des bekanntesten Tarotkarten-Sets.
** Gnostische Geheimsekte im Südfrankreich des 11. Jahrhunderts.

Tarot war nie als Spiel gedacht. Trotzdem sind unsere heutigen Spielkarten ein Ableger des Tarots, ebenso wie das österreichische Tarockspiel. Es war deshalb niemals ein Spiel, weil im Tarot der Einweihungsweg niedergelegt war und ist, den ein Mensch bis zu seiner Vollendung gehen kann. Die erste Karte, »Der Magier« mit der Nummer eins, ist für sich genommen schon ein vollständiger Einweihungsweg zu Höhen des menschlichen Bewusstseins, die dem Durchschnittsmenschen fast unvorstellbar sind. Näheres hierzu beschreibt Franz Bardon in seinem Buch *Der Weg zum wahren Adepten.** Die Symbolik der Karte macht dem Eingeweihten deutlich, welche Aufgaben er zu bewältigen hat.

Tarot und kosmische Energien

Ist der Tarot also nur Anschauungsmaterial für einen geistig-spirituellen Entwicklungsweg? Nein, er ist auch eine Grundlage, um die Kabbala und die Zahlenmystik zu verstehen, denn jede Zahl bzw. jede Ziffer hat im Universum eine große Bedeutung und stellt symbolisch eine Kraft dar, die sich der Mensch bei entsprechender Schulung erschließen kann. Wir haben es also mit einem großem Lehrbuch in Bildern zu tun.

Wie kommt es dann dazu, dass diese Karten auch zur Divination, zum Erkennen der Zukunft, zum Weissagen verwendet werden? Wieso können wir sie zum Analysieren einer Situation verwenden und Hinweise für unser eigenes Leben daraus ziehen? Und wieso funktioniert das Ganze auch noch auf einem Computer?

---

* Franz Bardon: *Der Weg zum wahren Adepten*, Freiburg 1986.

Um die Zusammenhänge zu verstehen, ist es hilfreich, wenn wir uns ein Universum vorstellen, das nicht von materiellen Himmelskörpern erfüllt ist, wie wir sie mit unserem Alltagsbewusstsein sehen, sondern ausschließlich von Energien durchdrungen, unterschiedlichste Energien und Schwingungen, die sich vermischen, durcheinander wirbeln, sich anziehen und abstoßen – ein Energiereigen vom Mikrokosmos bis zum Makrokosmos. Seit alters hat man diese Energien gekannt, klassifiziert und in Systeme wie das der Kabbala eingebracht. Jeder dieser Energieformen kann man eine Zahl oder Ziffernfolge zuordnen, so wie Sie sie auch auf den Tarotkarten finden.

Auch Sie selbst bestehen aus ähnlichen Energien. Nach alter Weisheit sind Sie sogar ein Abbild des Kosmos im Kleinen – ein Mikrokosmos. Ihre Energien, die Energien des Kosmos und die Symbolkraft der Tarotkarten für diese Energien stehen in Verbindung und Wechselwirkung. Nur deshalb funktioniert der Einsatz von Tarotkarten für wichtige Lebensfragen! (Und übrigens auch die Astrologie, von der wir in einem anderen Kapitel sprechen.) Außerdem reagiert unser Unterbewusstsein auf die Symbolkraft der Zeichnungen der Tarotkarten. Die Entsprechungen der Bilder zu aktuellen Situationen im Leben der Betreffenden sind bei Befragungen oft frappant.

Viele Tarotpraktiker sind der Meinung, der Tarot würde ihnen immens helfen, sich selbst zu verstehen. Wenn man sich jeden Tag die Karten lege, dann könne das Unterbewusstsein mit seinen verborgenen Inhalten nach und nach an die Oberfläche drängen, oder – anders ausgedrückt – wir könnten dadurch zunehmend tiefer in unser Unterbewusstsein eindringen. Sicher sind für ein solches Unterfangen die Karten von Waite – und entsprechende Computerprogramme – gut geeignet, da jede dieser Karten eine kleine Geschichte erzählt und reich an Symbolen ist, die unser Unterbewusstsein ansprechen. Man sollte jedoch darauf achten, dass man sich bei fortwährendem Gebrauch nicht mehr auf die Karten und ihre Symbolik verlässt als auf die eigenen Gefühle und die eigene Intuition. Diese Gefahr vermute ich aber nur bei intensivem, täglichem Gebrauch, denn der Tarot ist ja gerade ein Werkzeug, um unsere Intuitionen zu entwickeln.

Tarotkarten oder Computer-Tarot?

Wie arbeitet man mit Tarotkarten – und warum soll es ein Computer genauso gut können? Am besten machen wir uns das Prinzip zuerst anhand der Karten klar und vergleichen es dann mit dem Computer-Tarot. Ausgangspunkt für das Legen oder Ziehen von Tarotkarten ist in der Regel eine uns wichtige Frage, die wir bezüglich unserer selbst oder anderer Menschen haben. Die Karten sollen uns Aufschluss darüber geben, wie eine gegenwärtige Situation zu verstehen ist und was sich wahrscheinlich daraus entwickeln wird. Sie benötigen hierzu einen Tarotkartensatz, wobei es weniger auf die Art der Karten ankommt als darauf, ob sie Ihnen gefallen oder ob Sie zu den Bildern und Symbolen des jeweiligen Kartensatzes eine Beziehung empfinden. Es spielt also keine Rolle, ob Sie die Karten von Rider-Waite, Crowley oder irgendein anderes Kartendeck verwenden.

Während Sie Ihre konkret formulierte Frage im Geist behalten, mischen Sie die Karten und ziehen dann, verdeckt, eine oder mehrere nacheinander. Beim Karten-Tarot gibt es viele Möglichkeiten, wie man die Ergebniskarten zieht bzw. legt. Dies kann man in der entsprechenden Fachliteratur nachlesen. Die einfachste Methode, mit der es sich zu beginnen empfiehlt, ist das Ziehen einer einzigen Karte. Diese gezogene Karte wird danach von ihrem Symbolgehalt und ihrer überlieferten Bedeutung als Antwort für Ihre Frage interpretiert. Hierzu verwendete man bislang Bücher, die die Bedeutung jeder Karte angeben.

Wieso funktioniert das Ganze nun auch auf einem Computer? Ich habe mir schon vor vielen Jahren ein solches Programm geschrieben, und zwar mit den besten Abfrageergebnissen. Dies wurde mir auch von Freunden bestätigt, denen ich das Programm überlassen hatte. Das war für mich damals ein interessantes Experiment, und ich kann Ihnen heute bestätigen, dass es bestens funktioniert. Offensichtlich haben dies auch andere erkannt, und so gibt es mittlerweile eine ganze Anzahl von Tarotprogrammen zu kaufen, zum Teil als so genannte Shareware oder als Freeware sogar kostenfrei.

Das Prinzip, nach dem solche Programme funktionieren, ist einfach. Sie tippen eine Frage in den Computer ein, er erzeugt mittels eines Zufallsgenerators eine Zahl und ordnet ihr die passenden Tarotkarte zu. Diese wird dann auf dem Bildschirm angezeigt, zusammen mit einem Erläuterungstext.

Das Entscheidende sowohl beim Karten- als auch beim Computer-Tarot ist die geistige Intensität und Ausdauer, mit der Sie Ihr Bewusstsein bei Ihrer Frage weilen lassen. Die Resonanz zwischen Bewusstsein und Karte, auf der ja die Funktionsweise des Tarots entscheidend beruht, funktioniert genauso zwischen Bewusstsein und Computerprogramm.

Auch PC-Tarotprogramme bieten Ihnen häufig die Möglichkeit, zwischen verschiedenen Ergebnispräsentationen zu wählen. Man kann also vorher bestimmen, ob man eine oder mehrere »Karten« ziehen will und was diese jeweils bedeuten sollen. Für Sie ist es wichtig, sich *vor* der Abfrage zu überlegen, in welcher Art das Ergebnis präsentiert werden soll: als eine einzige Karte, als drei Karten, als zehn Karten oder noch zusätzlich in einer bestimmten Anordnung mit diversen Bedeutungen für die jeweilige Position in der Anordnung. Komfortablere Programme bieten Ihnen auch komplexere Ergebnisstrukturen wie zum Beispiel das Keltische Kreuz, das ich Ihnen jetzt vorstellen werde.

Das Keltische Kreuz

Eine sehr beliebte Anordnung der Karten ist das Keltische Kreuz. Hier werden zehn Ergebniskarten gezogen, die Ihnen Aufschluss geben über Ihre persönliche Ausgangssituation,

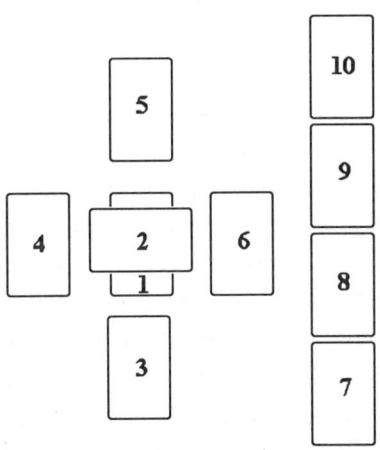

Abb. 13: Anordnung des Keltischen Kreuzes

die Ursache für diese Situation, unmittelbare Vergangenheit und Zukunft, die Umwelt, Ängste und Hoffnungen und das letztlich wahrscheinliche Resultat. Sie erhalten also eine vollständige Situationsanalyse mit Hinweisen auf Ursachen und wahrscheinliche Entwicklungen. Auch ein solches Keltisches Kreuz wird von manchen Programmen angeboten.

Die von 1 bis 10 durchnummerierten Kartenpositionen stehen für:

1. Zentrum,
2. Kreuzkarte,
3. Grundlage,
4. jüngere Vergangenheit
5. mögliches Ergebnis,
6. nähere Zukunft,
7. Selbst,
8. Umwelt,
9. Hoffnungen und Ängste,
10. Ergebnis.*

Ohne in alle Details der Kartenpositionen eindringen zu wollen, denn hierfür gibt es ausgezeichnete Tarotbücher, seien hier die Stichworte nur kurz erläutert; außerdem liefern die Computerprogramme auch brauchbare Interpretationen. Die Karten werden in der Reihenfolge gelegt, wie sie in der Zeichnung nummeriert sind, ein Computerprogramm generiert die Karten in der gleichen Reihenfolge.

Die Zentrumskarte steht für den Fragenden selbst und

---

* Die Reihenfolge der Karten und die Positionsbedeutungen wurden dem Buch *Tarot – 78 Stufen der Weisheit* von Rachel Pollack entnommen (München 1985).

seine momentane Situation, die Kreuzkarte zeigt Einflüsse, die seinen Weg kreuzen oder ihn herausfordern. Die Grundlage steht für vergangene Situationen oder Persönlichkeitsgrundlagen, die die gegenwärtige Situation und Fragestellung überhaupt erst herbeigeführt oder möglich gemacht haben. Die Karten vier und sechs zeigen die nächstliegende Vergangenheit und Zukunft, die fünfte Karte ein daraus resultierendes mögliches Ergebnis. Die Karten sieben bis neun stellen Einflüsse dar, die auf das mögliche Ergebnis einwirken, die zehnte Karte ist, vom Zeitpunkt der Befragung aus gesehen, das wahrscheinliche Endergebnis.

Eigene Kartenanordnungen

Sie können sich – wie oben schon erwähnt wurde – auch selbst Kartenanordnungen oder -reihenfolgen mit bestimmten, von Ihnen zugewiesenen Bedeutungen ausdenken. Ihr Bewusstsein ist der entscheidende Faktor, unabhängig davon, ob Sie echte Karten verwenden oder ein Programm. Zum Beispiel können Sie auch folgende Variante verwenden, die es Ihnen erlaubt, auch einfachere Tarotprogramme zu benutzen: Sie beschließen, drei Karten nacheinander zu ziehen. Sie legen fest, dass die erste Karte Ihnen die wichtigste, unmittelbare Antwort liefert. Die nächsten beiden Karten sollen Ihnen dann die nähere und fernere wahrscheinliche Zukunft anzeigen. Mit dieser einfachen Methode habe ich immer die schnellsten und besten Ergebnisse erzielt.

Für das Ergebnis spielt es keine Rolle, ob Sie die Karten per Hand mischen und sie dann der Reihe nach vom Stapel ziehen oder ob sie die »Mischung« vom PC vornehmen lassen, der natürlich nicht wirkliche Karten mischt, sondern eine Zufallszahl generiert. Sowohl Mischen als auch Generieren der Zufallszahl werden von Ihrem Bewusstsein und von Ihrem Energiefeld beeinflusst. Die »Magie« steckt weder in den Karten noch im Computer, sondern in Ihnen!

Stärkung Ihrer Intuition und Zukunftsschau

Mit der Zeit werden Sie einen interessanten und verblüffenden Effekt bemerken. Mehr und mehr scheinen die Karten das anzuzeigen, was Sie ohnehin schon ahnten oder im Gefühl hatten. Was ist passiert? Die Karten bzw. das Computerprogramm haben Ihnen geholfen, Ihre eigene Intuition zu entwickeln. Ihr Bewusstsein ist von seiner Kapazität durchaus so angelegt, dass Sie in Vergangenheit *und* Zukunft schauen können! Sie werden irgendwann solche Karten oder Programme überhaupt nicht mehr benötigen. Dass dem Menschen grundsätzlich die Fähigkeit gegeben ist, zukünftige mögliche Ereignisse zu erkennen, ist nicht nur aus der esoterischen Literatur und von vielen belegten Fallbeispielen her genügend bekannt. In der Regel wurde aber bisher angenommen, dass die Fähigkeit zur Zukunftsschau nur auf wenige sehr begabte Menschen beschränkt sei.

In England jedoch bewies der Ingenieur J. W. Dunne schon in den zwanziger Jahren des 20. Jahrhunderts, dass für jeden Menschen ein Erkennen zukünftiger Ereignisse möglich ist. Eine Anzahl merkwürdiger Träume, die er in seinem Leben hatte und in denen er von tatsächlichen späteren Geschehnissen erfuhr, ließen ihn zum Traumforscher werden. Es ist sicherlich nichts Besonderes daran, von irgendwelchen Ereig-

Raum-Zeit-Feld von Ereignissen und subjektives Beobachtungsfenster

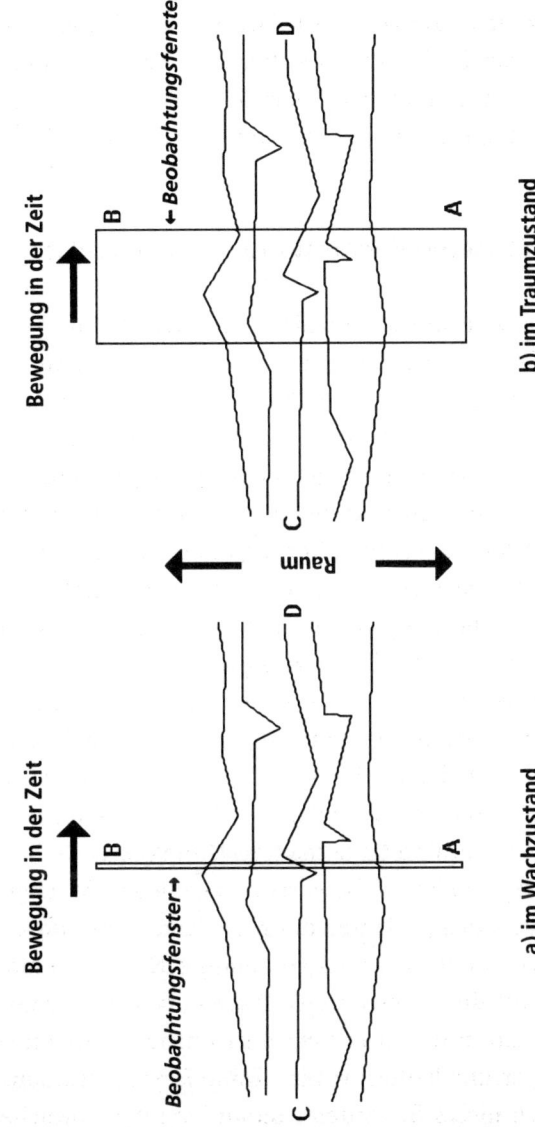

Abb. 14: Das Zeitmodell von Dunne (siehe auch Abb. 3)

a) im Wachzustand

b) im Traumzustand

Bewegung in der Zeit

Raum

Beobachtungsfenster

B

A

C

D

nissen zu träumen, die auch in der Zeitung erwähnt werden. Er träumte aber in den »falschen« Nächten, nämlich einige Tage bevor die jeweiligen Ereignisse eintraten!

Dunne wurde zum begeisterten Traumforscher und ließ in Zusammenarbeit mit Studenten der Oxford-Universität deren Träume aufzeichnen. Bei der Analyse der Träume stellte sich in Übereinstimmung mit seinen eigenen Erfahrungen heraus, dass gewisse Details, die im Traum gesehen wurden, nicht aus der Erinnerung kamen, also aus vergangenen Erlebnissen, sondern dass die Studenten erst zwei oder drei Tage später im realen Leben damit konfrontiert wurden! Daraufhin entwickelte Dunne ein Zeitmodell, das zwischen einer linearen Zeit unterschied, die wir normalerweise im täglichen Leben durchlaufen, und einem darüber liegenden Zeitkontinuum, einem ewigen Jetzt. Im Traum dehne sich unser Wahrnehmungsfenster auf mindestens drei Tage in die Vergangenheit *und* in die Zukunft aus und könne eben in diesem Zeitkontinuum zukünftige Ereignisse erkennen. Ich darf Ihnen verraten, dass ich seine Versuche schon in meiner Studienzeit ausprobiert habe: Ich fand sie bestätigt. Wir können alle in begrenztem Maße in die Zukunft sehen.

Vorteile des Computer-Tarots

In diesem Sinne sind also Karten und Computer-Tarot nur Werkzeuge und Hilfsmittel, die unsere eigenen Fähigkeiten trainieren können, zukünftige Ereignisse, wenn nicht deutlich zu sehen, dann aber mit unserer Intuition zu empfinden. Diese Intuition können Sie natürlich nicht nur im Hinblick auf die mögliche Zukunft anwenden. Sie macht es Ihnen leicht, sich in alles und jeden hineinzufühlen, sofern Sie es wünschen. Auf diese Weise verstehen wir manches, das uns sonst verschlossen bliebe.

Der Vorteil des Computer-Tarots? Nun, ganz einfach. Stellen Sie sich vor, Sie räumen Ihren Schreibtisch ab und legen sich die Karten. Falls das zum Beispiel in einem Büro mit anwesenden Kollegen oder Publikumsverkehr geschieht, wäre das doch irgendwie zu auffällig, oder? Lassen Sie das Ganze hingegen unbemerkt auf Ihrem PC ablaufen, haben Sie das gleiche Ergebnis in Sekundenbruchteilen, und Ihre private Abfrage bleibt unbemerkt und diskret. Außerdem sparen Sie sich das Schreibtischabräumen. Dies hätten sich die alten Ägypter nie träumen lassen, aber sie wären bestimmt begeistert gewesen!

Runen und I Ging – was Germanen und Chinesen schon wussten

Finden Sie die Methode, mithilfe des Computers in die Zukunft zu schauen oder Ihr Schicksal zu verstehen faszinierend, können sich aber nicht unbedingt für Tarotkarten erwärmen? Dann sagen Ihnen vielleicht mehr die nordischen Runen oder das chinesische I Ging zu. Im Grunde genommen ist für einen Blick in die Zukunft oder eine Entscheidungshilfe nicht das Werkzeug maßgeblich.

Alles das, was wir im letzten Kapitel über die Funktionsweise von Tarotkarten festgestellt haben, gilt in ähnlicher Weise für Runen und das I Ging. Sie können die Methode wählen, die Ihnen persönlich am meisten liegt, oder Sie verwenden bei der gleichen Fragestellung sogar mehrere Vorgehensweisen nacheinander, um sich ein besonders gutes Bild von der Situation zu machen, über die Sie sich Aufschlüsse erhoffen. Bei allen drei Methoden haben Sie einen Satz von Symbolen zur Verfügung, den Sie in Beziehung zu Ihrem Bewusstsein setzen. Allerdings stammen sie aus unterschiedlichen Kulturen, die Symbolgehalte unterscheiden sich, und vor allem Ihre persönliche Affinität zu dem einen oder anderen Zeichensatz kann unterschiedlich ausgeprägt sein.

Runen und kollektives Bewusstsein

Eigentlich wäre ja zu vermuten, dass uns als Europäer – oder »Germanen« – die Runen am nächsten stehen. Mit unserem Unterbewusstsein sind wir aufs engste mit dem Kollektivbewusstsein unseres eigenen Volkes verbunden, individuelles und kollektives Bewusstsein durchdringen sich bei jedem Menschen in gewissem Ausmaß. Der Begriff des kollektiven Unbewussten, den der Tiefenpsychologe C. G. Jung prägte, stellt zu Teilen das Kollektivbewusstsein der ganzen menschlichen Rasse dar, aber auch in nicht unbeträchtlichem Ausmaß das Bewusstsein des Volkes, in das wir hineingeboren worden sind.

Das kollektive Unbewusste ist getränkt mit Symbolen, die sich vielfach in der Märchenwelt wieder finden. Symbole, Ideale, Sehnsüchte – vieles davon haben die Menschen eines Volkes gemeinsam und unterscheiden sich damit immer, teils in geringem, teils in höherem Ausmaß, von den jeweiligen Nachbarvölkern. So sind sich auch die Themen von Sagen und Märchen verschiedener Volksgruppen dieser Erde zwar oft ähnlich – schließlich sind alle Menschen in zahlreichen Hinsichten »gleich« –, aber überall finden wir nationale Besonderheiten. Eine Symbolik, die aus dem eigenen Kulturkreis stammt, könnte daher prinzipiell eine stärkere Beziehung zu Ihrem persönlichen Bewusstsein haben als die aus einer asiatischen Welt.

Die Attraktion östlicher Systeme

Warum aber fühlen sich andererseits so viele Menschen der heutigen Zeit durch Tarotkarten oder das I Ging angezogen, also Symbolsätze, die nicht bei uns entstanden sind? Sicher lockt das Fremdartige und Exotische. Das Besondere wird eben auch als besonders aussagekräftig betrachtet, viele Menschen lassen sich dadurch leicht beeindrucken. Alltägliche, überall sichtbare Symbole wie die Runen werden angeblich zu leicht mit den gewöhnlichen Dingen des Alltags assoziiert.

Solche Überlegungen erklären aber nicht, warum auch andere Inhalte asiatischer Kulturen bei uns immer mehr Raum gewinnen. Viele Vertreter der Reinkarnationstheorie vermuten, dass sich bei uns millionenfach Menschen inkarniert haben, die in früheren Leben in anderen Teilen der Erde wohnten, um nun mit ihrem Erfahrungsschatz und ihren spirituellen Errungenschaften unsere westlichen Kulturen zu bereichern.

Man muss zugeben, dass wir von den bis heute ungebrochenen spirituellen Traditionen Indiens, Japans und Chinas gerade im zurückliegenden Jahrhundert profitiert haben. Aber auch wenn man den Inkarnationstheorien nicht zustimmt, denn schließlich wäre dafür Voraussetzung, dass wir überhaupt an mehrere Leben und eine Wiederverkörperung glauben, ist es eine Tatsache, dass östliche und westliche Welt seit etwa hundert Jahren einen intensiven Austausch und gegenseitige Ideenbefruchtung erleben, wir werden spiritueller, der Osten wird materieller; wir lernen, unser Bewusstsein besser zu erforschen und meditativ unseren Stress abzubauen, der Osten lernt, wie man geistige Impulse besser in praktische Werte ummünzt und Industrien aufbaut. Dass es dabei auf beiden Seiten auch zu Übertreibungen kommt, liegt an der menschlichen Natur.

Haben Sie beides zur Auswahl – sowohl Runen als auch I Ging –, sollten Sie die Methode verwenden, aus deren Symbolsatz für Sie persönlich mehr Kraftimpulse ausgehen. Dies gilt natürlich auch im Vergleich zum Tarot. Wie beim Tarot werden sowohl Runensymbole als auch die Hexagramme des I Ging durch Zufallszahlen des Computers bestimmt und sind damit Programmen zugänglich.

In diesem Kapitel möchte ich Ihnen die nordischen Runen und das chinesische I Ging für die Anwendung auf dem Computer nahe bringen. Da es zahlreiche Runenbücher und ebenso viele über das I Ging gibt, sei hier nur einiges Grundlegendes über beide Systeme gesagt.

Ursprung der Runen

Der Ursprung der Runen wird in der nordischen Mythologie auf den Gott Odin zurückgeführt. Um die Geheimnisse von Leben und Tod zu erfahren, hängte sich Odin kopfüber in die Weltesche Yggdrasil, durch seinen eigenen Speer aufgespießt. Neun Tage und Nächte lang sah er in die Tiefen von Niflheim* hinunter. Während dieser Tortur, gequält von Schmerz, Hunger und Durst, gewann er schließlich die Erkenntnisse, nach denen er suchte. Als er dieses Wissen vollends gemeistert hatte, begann er, magische Runen in seinen

---

* Nordische Nebel- und Schattenwelt.

Speer Gungnir zu schneiden, ebenso in die Zähne seines Rosses Sleipnir, in die Klauen des Bären und in eine Anzahl anderer belebter und unbelebter Körper.

Historiker suchen natürlich mit wissenschaftlichen Methoden nach anderen Ursprüngen der Runen und weisen nach, dass Runen schon sehr früh in ganz Europa und sogar bis zum Indusfluss in Asien verbreitet waren. Das Wort »Rune« leitet sich vom nordischen *runa* ab, was so viel wie »Geheimnis« oder »geheime Schrift« bedeutet. In einer späteren Zeit der Profanisierung dieser Zeichen wurden sie als ganz normale Schriftzeichen in unserem heutigen Sinne verwendet. In alter Zeit aber waren es aller Wahrscheinlichkeit nach magische Zeichen, denen jeweils eine ganze Begriffswelt zugeordnet war und nicht nur ein einzelner Buchstabe der Sprache. Die komplexe Bedeutung der Runen war lediglich Priestern oder Schamanen bekannt und wurde, wie alle geheimen Traditionen, nur mündlich weitergegeben.

Einige Historiker sind der Ansicht, dass sich die Runen während der Völkerwanderung aus den Buchstaben des griechischen Alphabets entwickelten. Da den nordischen Völkern nur natürliche Materialien wie Steine oder Holz zur Verfügung standen, vereinfachten sie die Schriftzeichen in der Form, dass nur noch gerade Striche verwendet wurden. Diese konnte man relativ einfach in hartes Material einritzen. Wie immer sie auch entstanden sein mögen, man geht heute davon aus, dass die Runen in ihren Ursprüngen als magische Zeichen zur Divination, als Orakel verwendet wurden, um den Ausgang von Kämpfen oder den Verlauf des Wettergeschehens im Voraus bestimmen zu können.

Die Futhark-Runen

Die meisten heute erhältlichen Runenbücher und auch die Runen-Computerprogramme gehen von dem so genannten Futhark-Zeichensatz aus. Es haben sich im Laufe der Zeit mehrere Alphabete mit leichten Unterschieden entwickelt. Das traditionelle Futhark-»Alphabet« besteht aus 24 Zeichen, für die Verwendung als Orakel wird heute vielfach ein 25. leeres Zeichen hinzugenommen. Die Runen sind in Abb. 15 dargestellt.

Der Name »Futhark« leitet sich aus den ersten sechs Runen ab, deren Buchstabenwerte F, U, TH, A, R und K entsprechen. Die Futhark-Runen werden in drei Gruppen eingeteilt. Die acht Zeichen der Fehu-Gruppe, beginnend mit der gleichnamigen Rune für »Vieh« und »Reichtum«, stehen für das Schaffen stabiler Lebensverhältnisse. Die Hagalaz-Gruppe enthält acht Runen, die sich mit den Wetterverhältnissen und allgemein mit den menschlichen Lebensumständen beschäftigen. Die letzte Gruppe namens Tiwaz schließlich ist von rätselhaften und magischen Inhalten geprägt und hat mit den Entwicklungsprozessen der menschlichen Evolution zu tun, also dem geistig-seelischen Wachstum.

Alle Runen können bei einem Befragungsergebnis sowohl ereignisorientiert interpretiert werden als auch psychologisch. Der Grund dafür liegt darin, dass wir selbst durch unsere seelischen Prozesse die Geschehnisse des so genannten äußeren Lebens steuern oder dass sich zumindest innere und äußere Prozesse entsprechen. Verändert sich innen etwas, bewegen sich auch die Lebensumstände.

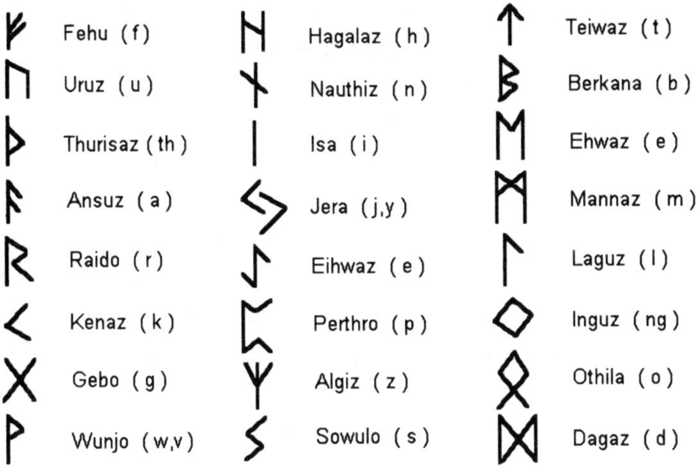
Fehu (f)
Uruz (u)
Thurisaz (th)
Ansuz (a)
Raido (r)
Kenaz (k)
Gebo (g)
Wunjo (w,v)
Hagalaz (h)
Nauthiz (n)
Isa (i)
Jera (j,y)
Eihwaz (e)
Perthro (p)
Algiz (z)
Sowulo (s)
Teiwaz (t)
Berkana (b)
Ehwaz (e)
Mannaz (m)
Laguz (l)
Inguz (ng)
Othila (o)
Dagaz (d)

Abb. 15: Die Futhark-Runen

Wie befrage ich die Runen?

Das System, nach dem die Runen befragt werden, ist ähnlich dem des Kartenlegens beim Tarot. Sie haben dann, wenn Sie keinen Computer benutzen, 24 Steinchen oder Holzstückchen zur Verfügung, auf denen jeweils eine Rune eingeritzt ist. Traditionell werden die Runen in einem Beutel aufbewahrt. Je nach gewünschter Aussage formulieren Sie zunächst gedanklich Ihre Frage oder schreiben Sie auf ein Blatt Papier. Dann ziehen Sie entweder nur eine Rune aus einem geschlossenen Beutel heraus oder mehrere, die Sie dann nach einem vorher vereinbarten System vor sich ausbreiten. Das Suchen im »Runenbeutel« soll Ihnen das Fühlen oder intuitive Erahnen der richtigen Rune ermöglichen.

Beim Befragen der Runen mit einem Computer gibt Ihnen

dieser in der Regel mehrere Systeme vor, nach denen Sie arbeiten können. Eine einzelne Rune kann Ihnen oft viel über die augenblickliche Situation verraten. Wollen Sie aber mehr Details wissen, empfiehlt es sich, mehrere Runen zu ziehen, die Ihnen zum Beispiel etwas über die Entstehungsursachen oder die zukünftige Entwicklung einer Situation sagen können. Runen haben einen sehr umfassenden Bedeutungsgehalt, und es lohnt sich, nicht nur ein oder zwei Stichwörter als Antwort eines Runenorakels zu akzeptieren, sondern sich mit den tiefer gehenden psychologischen Bedeutungen der Runen zu beschäftigen.

In der einschlägigen Literatur finden Sie viele Beispiele darüber, wie allein schon die Beschäftigung mit dem Bedeutungsinhalt einer einzigen Rune seelische Prozesse ins Rollen brachte, wodurch sich dann auch die Lebensumstände der betreffenden Menschen änderten. Dies mag daran liegen, dass, wie anfangs erwähnt, die Runen aus unserem eigenen Kulturkreis stammen und deshalb starke Entsprechungen in den unterbewussten Schichten unserer Seele besitzen.

Verwandlungen im I Ging

Das I Ging hat vielleicht von allen heute bekannten Orakeln die größte Affinität zum Computer und zu Computerprogrammen. Wörtlich übersetzt heißt I Ging, auch I Ching geschrieben, »Buch der Wandlungen«. Seit mehreren Jahrtausenden wird es in China als Orakelbuch benutzt, sein Ursprung ist ungewiss, obwohl einige Historiker die Entstehung des I Ging auf den legendären Kaiser Fu-hsi zurückführen.

Zurzeit sind zirka zweitausend Kommentare zum I Ging bekannt. Es soll magische Quadrate und mathematische Aussagen enthalten, einige vermuten sogar eine Weltformel darin. Als Orakelbuch fand es mit Sicherheit schon immer Verwendung. Das Entscheidende ist aber Folgendes: Ein reines Orakelbuch liefert Antworten, entweder als Ja oder Nein, oder es beschreibt zukünftige Zustände oder Geschehnisse, denen man ausgeliefert sein wird. Das I Ging hingegen beschäftigt sich mit wandelnden Situationen, die durch geschicktes Handeln zum eigenen Vorteil genutzt werden können. Das fortwährende Verwandeln eines Zustandes in einen anderen faszinierte das damalige chinesische Denken, was Richard Wilhelm in seiner Interpretation des I Ging so formulierte: »Worauf das Augenmerk gerichtet war, waren nicht die Dinge in ihrem Sein – wie das im Westen hauptsächlich der Fall war –, sondern die Bewegungen der Dinge in ihrem Wechsel.«[*]

Dieser Unterschied in den Auffassungen wird übrigens auch in der chinesischen Medizin deutlich, wenn es um die Fünf Elemente geht. Dies ist eigentlich eine falsche Übersetzung, bedingt durch die frühere Annahme, es handele sich um die gleichen Elemente, die wir schon aus der Medizin und den okkulten Lehren der europäischen Überlieferung kennen, also Feuer, Erde, Wasser, Luft und Äther. Unter diesen Elementen verstand man in Europa bis hin nach Indien grundlegende Schöpfungsbausteine oder -qualitäten, aus denen alles Existierende zusammengesetzt war. Auch in der menschlichen Charakterkunde sah man ein Wirken dieser

---

[*] *I Ging. Text und Materialien. Übersetzt von Richard Wilhelm*, München 1973.

Elemente, so ist der Choleriker durch das Feuerelement bestimmt, der Melancholiker durch das Wasserelement, der Sanguiniker durch das Luftelement und der Phlegmatiker durch das Erdelement. Das chinesische System besteht nicht aus festen Elementen, sondern es impliziert Fünf Wandlungsphasen, also momentane Zustände, die fortwährend ineinander übergehen können. Sie lauten: Feuer, Erde, Metall, Wasser und Holz. Durch die teilweise Namensgleichheit mit den Elementen der europäischen Kultur wird verständlich, dass es vielfach zu einer Fehlinterpretation gekommen ist.

Trigramme und Hexagramme

Das I Ging besteht aus acht so genannten Trigrammen, die zu 64 Kombinationen, den Hexagrammen, zusammengestellt werden. Ein Trigramm leitet seinen Namen aus den drei übereinander angeordneten Strichen ab, aus denen es gebildet wird. Abb. 16 zeigt die berühmten acht chinesischen Trigramme (die deutschen Interpretationen wurden dem bereits zitierten, von Richard Wilhelm übersetzten Buch entnommen).

Jedes dieser Trigramme stellt nicht Dinge dar, auch wenn die Namensgebung dies vermuten lässt, sondern Naturerscheinungen und damit Vorgänge im Kosmos. Des Weiteren werden mit ihnen Familienmitglieder bezeichnet, aber auch hier nicht im statischen Sinne, sondern ihre Funktion.

Es gibt in Trigrammen und Hexagrammen nur zwei Stricharten, einen durchgezogenen und einen unterbrochenen Strich. Allein durch die Kombination dieser zwei Stricharten versuchte man im alten China, sämtliche Naturerscheinungen, gesellschaftliche Prozesse und individuelle Befindlichkeiten und Situationen symbolisch darzustellen.

☰	Kien	das Schöpferische	stark	Himmel	Vater
☷	Kun	das Empfangende	hingebend	Erde	Mutter
☳	Dschen	das Erregende	bewegend	Donner	1. Sohn
☵	Kan	das Abgründige	gefährlich	Wasser	2. Sohn
☶	Gen	das Stillehalten	ruhend	Berg	3. Sohn
☴	Sun	das Sanfte	eindringend	Wind, Holz	1. Tochter
☲	Li	das Haftende	leuchtend	Feuer	2. Tochter
☱	Dui	das Heitere	fröhlich	See	3. Tochter

Abb. 16: Die acht Trigramme des I Ging

Das I Ging und das Binärsystem des Computers

Und jetzt wird es spannend: Wenn Sie ein wenig über Computertechnologie wissen, dann haben Sie sicher schon vom Binärsystem gehört. Dieses System aus Nullen und Einsen liegt letztlich allen Computerberechnungen, allen Speicherprozessen und selbst Ihrer Textverarbeitung zugrunde. Die Bausteine des Computers kennen nur zwei Zustände: 0 oder 1, an oder aus – oder durchgezogener Strich oder unterbrochener Strich, so ähnlich wie das Morsealphabet, das aus Punkten und Strichen besteht.

Es wird noch spannender, wenn man weiß, wem wir unser Binärsystem zu verdanken haben: Gottfried Wilhelm Leibniz, ein deutscher Mathematiker und Philosoph des 17. Jahrhunderts. Er erfand unter anderem die erste brauchbare Rechenmaschine. Was ihn aber für uns interessant macht, ist sein Kontakt zu dem in China als Missionar wirkenden französischen Jesuitenpater Bouvet. Von diesem erfuhr er von den Tafeln Shao Yungs, eines Neokonfuzianers des 11. Jahrhunderts, in denen die 64 Hexagramme systematisch angeordnet waren. Da auch Leibniz mathematisch strukturierte Kosmologien entwickelte, müssen ihn die Hexagramme nicht nur fasziniert, sondern möglicherweise auch zur Entwicklung des Binärsystems angeregt haben.

Könnte man da nicht annehmen, dass das I Ging aufgrund seiner Binärstruktur besonders gut auf dem Computer funktioniert, da beide auf demselben System aufbauen?

Ein Befragungshexagramm

Zwei der Trigramme, übereinander gesetzt, ergeben ein Hexagramm, also ein Gebilde aus sechs Strichen. Davon gibt es insgesamt acht mal acht, insgesamt also 64. Bei einer Befragung – das heißt, wenn man das I Ging als Orakelbuch benutzen möchte und eine entsprechende Frage formuliert bzw. aufgeschrieben hat – zeichnet man sechs Striche der Reihe nach übereinander, von unten nach oben. Der erste Strich ist also der unterste. Die Information darüber, ob man einen durchgezogenen Strich oder einen unterbrochenen zu zeichnen hat, bezieht man entweder aus Schafgarbenstängeln, die gezogen werden (traditionelle Methode), oder zum Beispiel durch drei geworfene Münzen.

Abb. 17: Hexagramm Bi, »Die Anmut«

Je nachdem, welche Stängel man gezogen hat oder welche Seite einer Münze nach dem Wurf oben liegt, ist dem eine Zahl zugeordnet: im Falle der Münzen eine Drei für die Zahlseite, eine Zwei für die Wappenseite (dies kann man auch individuell anders vereinbaren). Die Zahlen aller drei Münzen werden bei jedem Wurf zusammengezogen und ergeben eine Zahl zwischen sechs und neun.

Sieben und Acht gelten als stabile Energien, die sich nicht weiter verändern werden. Sieben symbolisiert die positive, männliche Yang-Energie und wird als durchgehender Strich gezeichnet, Acht die negative, weibliche Yin-Energie, dargestellt als unterbrochener Strich. Sechs und Neun gelten als veränderliche Yin- bzw. Yang-Linien und können sich im Laufe der Situationsentwicklung in stabile Yin- und Yang-Striche verwandeln, wodurch sich das zuerst erhaltene Hexagramm in ein zweites überführt. Insgesamt müssen Sie also Ihre drei Münzen sechsmal hochwerfen und je nach Lage der gefallenen Münzen eine Zahl zuordnen. Wir werden gleich ein Beispiel für eine solche Befragung betrachten.

Haben Sie die sechs Linien der Befragung von unten angefangen übereinander gezeichnet, wird Ihnen das I Ging entsprechend dem erzeugten Hexagramm zuerst über die gegenwärtige Situation Auskunft geben. Enthält das Hexagramm aber veränderliche Linien, also Sechsen oder Neunen, können Sie hieraus Entwicklungstendenzen und ihnen entsprechende Handlungsanweisungen ableiten, außerdem auch die zukünftige Situation, die sich durch die Verwandlung des ersten Hexagramms in ein zweites ergeben kann. Diese Anweisungen zu geschicktem Handeln sind es, die das I Ging einmalig machen. Das zweite Hexagramm entsteht dadurch, dass sich eine Sechs in eine Sieben verwandelt und eine Neun in eine Acht.

Bei der Erzeugung eines Befragungshexagramms formulieren Sie die Frage, auf die Sie eine Antwort suchen, im Geiste und halten die Fragestellung auch geistig aufrecht, während Sie das Hexagramm erzeugen. Um es sich einfacher zu machen, kann man die Frage auch auf ein Blatt Papier schreiben und vor sich auf den Tisch legen.

Sie nehmen sich drei gleiche Münzen, zum Beispiel drei Pfennige, und vereinbaren mit sich selbst, dass die Zahlseite einer Münze den Zahlenwert 3 bedeutet, die Wappenseite eine 2. Bei drei Münzen, die immer gleichzeitig hochgeworfen werden, müssen sich also immer Gesamtzahlen zwischen 6 (3 mal 2) und 9 (3 mal 3) ergeben. Dabei sind die Zahlenbedeutungen für die Strichzeichnung wie in Abb. 18 dargestellt. Das »X« in der Sechserlinie bedeutet, dass es sich zwar um eine Yin-Linie (in der Mitte unterbrochen) handelt, dass sie sich aber später zu einer Yang-Linie mit dem Zahlenwert 7

Linie	Bedeutung	Zahlwert
——X——	Veränderliche negative Linie, veränderliches Yin	6
————	Ruhende positive Linie, stabiles Yang	7
—— ——	Ruhende negative Linie, stabiles Yin	8
——O——	Veränderliche positive Linie, veränderliches Yang	9

Abb. 18: Die Zahlenbedeutungen für die Striche

verwandeln wird. Das »O« in der Neunerlinie bedeutet, dass es sich zwar um eine (durchgehende) Yang-Linie handelt, sie sich aber später zu einer Yin-Linie mit dem Zahlenwert 8 verwandeln wird.

Ergäbe die Befragung zum Beispiel nacheinander die Zahlen 8, 7, 7, 7, 6, 7, entspräche dies dem Hexagramm Ding (»Der Tiegel«, siehe Abb. 19).

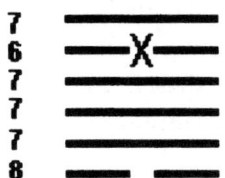

Abb. 19: Hexagramm Ding, »Der Tiegel«

Unter diesem Namen kann man im I Ging die Interpretation nachschlagen. Es verspricht Erfolg und Gelingen. Die Sechs auf dem fünften Platz, von unten gezählt, hat die Bedeutung, dass bei der anstehenden Aufgabe Beharrlichkeit angesagt ist, um wirklich zum Erfolg zu kommen. Diese veränderliche fünfte Linie ist es auch, die zum zweiten Hexagramm führt, das sich aus dem ersten entwickelt. Aus der veränderlichen Sechs wird eine stabile Sieben, also ein durchgezogener Strich. Damit sehen beide Hexagramme wie in Abb. 20 dargestellt aus.

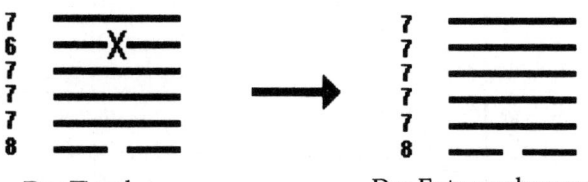

Der Tiegel   Das Entgegenkommen

Abb. 20: Ein gezogenes Hexagramm wandelt sich in ein zweites

Der Name des neu entstandenen Hexagramms ist Gou, »Das Entgegenkommen«. Dieses Hexagramm steht – so kann man es dann im I Ging nachschlagen – für eine gefährliche und nicht günstige Lage. Trotz des anfänglichen Erfolges muss man hier also auf der Hut sein.

Computer statt Münzen

Außer drei Münzen, dem I Ging und dem Wissen, wie die Wurfergebnisse als Striche darzustellen sind, benötigen Sie nichts. Haben Sie aber ein Computerprogramm für das I Ging, brauchen Sie nicht einmal das mehr. Der Zufallsgenerator Ihres PCs erzeugt eine Zahl zwischen 1 und 64 und ebenso möglicherweise einige veränderliche Linien für ein zweites Hexagramm. Genauso wie bei den Tarot- oder den Runenprogrammen gilt auch hier, dass für ein aussagekräftiges Ergebnis prinzipiell kein Unterschied darin besteht, ob Sie Münzen hochwerfen oder zu einem bestimmten Zeitpunkt auf eine Taste Ihres PCs drücken, um ein Hexagramm zu erzeugen. In jedem Fall ist es Ihr Bewusstsein, das zusammen mit dem verwendeten Werkzeug, also Karten, Runensteine, Münzen oder Computerprogramm, das Ergebnis vollbringt. Deshalb ist es auch wichtig, die Fragestellung während des ganzen Vorgangs immer im Geiste präsent zu haben.

Vergleichen Sie jetzt Runen und I-Ging-Symbole, stellen Sie natürlich fest, dass die Zeichen des I Ging viel zahlreicher sind als die Runen. Das sollte Sie aber nicht zu der Annahme verleiten, es sei deshalb aussagekräftiger. Schließlich sind auch die Hexagramme des I Ging aus nur acht Grundsymbolen, den Trigrammen, kombiniert, und diese wiederum aus gerade zwei Zeichen, dem unterbrochenen und dem durchgezogenen Strich.

Vertrauen Sie Ihrem Bewusstsein und seiner Einstimmung auf kosmische Gesetze, dann werden Sie bei Ihren Befragungen sowohl mit den Runenprogrammen als auch mit dem I Ging großen Erfolg haben!

Astrologie –
das superschnelle Horoskop

Die Astrologie galt zu allen Zeiten (mit Ausnahme der letzten zwei, drei Jahrhunderte) als Königin der Wissenschaften. Die Astrologie gibt es wahrscheinlich schon so lange, wie die Menschheit auf der Erde existiert. In allen Zeitaltern haben die Menschen Sterne und Planeten beobachtet und Beziehungen zwischen deren Bewegungen am Firmament und dem menschlichen Schicksal hergestellt. Dass die Astrologie seit dem 17. Jahrhundert an westlichen Universitäten nicht mehr salonfähig ist, wirkt im Vergleich zu ihrer uralten Geschichte wie ein lächerlich kleiner Moment. Unser vermeintlicher Fortschritt, den wir in den letzten zweihundert Jahren durchaus auf technischem Gebiet erlebt haben, ging auf Kosten vieler wertvoller Erkenntnisse, die die Menschheit bis dahin gesammelt hatte. Auch wenn die Astrologie heute durch Astronomie und Astrophysik abgelöst wurde, überdauerte die Astrologie dennoch in weiten Teilen der Bevölkerung als lebendiges Wissen.

In den letzten dreißig Jahren allerdings erlebte sie, wie auch viele andere als okkult oder esoterisch eingestuften Wissensgebiete, eine Wiederbelebung ohnegleichen. Übrigens waren die heute als große Astronomen gefeierten Persönlichkeiten wie Nikolaus Kopernikus, Johannes Kepler und Galileo Galilei vor allem große Astrologen. Selbst der

Zeitpunkt für den Bau der berühmten astronomischen Sternwarte in Greenwich bei London wurde von dem britischen Hofastronom John Flamsteed nach astrologischen Gesichtspunkten gewählt. Früher gab es die Einteilung in Astrologie und Astronomie gar nicht, und es galt als undenkbar, die Bewegungen der Planeten studieren zu wollen, ohne ihre Einflüsse auf das menschliche Schicksal zu berücksichtigen. Weshalb misst und maß man den Sternen bzw. den Planeten so ein großes Gewicht bei? Wieso richten sich heute noch wichtige Persönlichkeiten des öffentlichen Lebens bei ihren Entscheidungen nach dem Stand der Gestirne?

Die Bedeutung der Sterne in alten Kulturen

Das heutige Bewusstsein der menschlichen Rasse, genauer gesagt das normale Tagesbewusstsein insbesondere der Weißen, ist in keiner Weise mehr identisch mit dem Bewusstsein der alten Ägypter, Mesopotamier oder gar der Atlanter. Wir begingen einen großen Irrtum, wenn wir unseren heutigen Bewusstseinsstand auf die Menschen vergangener Zeitalter projizieren wollten und meinen, die Menschen früher hätten genauso gedacht und gefühlt wie wir heute, hätten sich im Verhältnis zu ihrer Umwelt und zum Universum genauso gesehen wie wir. Wir brauchen gar nicht so weit zurückgehen, denn selbst im Europa des 16. Jahrhunderts war das Lebensgefühl der Menschen völlig anders als heute. Ein beredtes Beispiel findet man hierzu in dem Buch *Die vertikale Ebene** von Ken Webster (siehe auch das Kapitel »Zeitsprung«), in dem sehr span-

* Ken Webster: *Die vertikale Ebene*, Frankfurt 1993.

nend ein authentisches Rückversetzungserlebnis einer Frau in das 16. Jahrhundert Englands geschildert wird. Beim Lesen dieser Geschichte eröffnet sich uns eine völlig neue Welt, die man ansatzweise nur aus Märchen kennt.

Im alten Ägypten und anderen Hochkulturen des Altertums lebte und fühlte man wahrscheinlich eher das, was heute vielfach nur noch als Bücherwissen existiert: dass der Mensch ein Mikrokosmos ist, dass alle Planeten, Sonnen und Galaxien auch in uns präsent sind, dass jede äußere Bewegung der Himmelskörper in uns eine energetische Entsprechung findet und man das eigene Schicksal verstehen kann, indem man die Bewegungen der Himmelskörper berechnet und aus ihnen günstige Momente für das eigene Leben ableitet. Aus diesem Wissen heraus, dass jeder Mensch ein Mikrokosmos ist, entstand auch die medizinische Astrologie, die jedem Organ und Körperbereich ein Tierkreiszeichen oder einen Planeten zuordnet. Auch Heilpflanzen und Mineralien unterliegen astrologischen Einflüssen und weisen entsprechende Analogien auf, sodass aufgrund dieser Zusammenhänge bei einer Krankheit das unter astrologischen Gesichtspunkten korrekte Mittel verabreicht werden kann. Dies wird heute noch in Indien praktiziert. (Falls Sie am Wissensstand der medizinischen Astrologie im deutschen Mittelalter Interesse haben, können Sie in den Werken von Paracelsus fündig werden. Allerdings sind seine Bücher aus heutiger Sicht sehr schwer zu lesen.)

In dem Maße, wie der Mensch, aufgrund welcher Einflüsse auch immer, dieses mit dem Kosmos verbundene Lebensgefühl und die innere Schau verlor, wurde die Astrologie eine reine Wissenschaft, ein Bücherwissen, eine Glaubensangelegenheit. Das, was man nicht mehr erfährt, wird zur Lehrmeinung, ist offen für Fehlinterpretationen, wird irgendwann zum so genannten Aberglauben. Die Tatsache, dass die Astrologie heute keine anerkannte Wissenschaft mehr ist, sollte man nicht als Zeichen für den Fortschritt unserer Zeit deuten, sondern im Gegenteil für unsere eingeschränkte Wahrnehmung, für die relative Begrenztheit unseres Bewusstseins, für die scheinbare Isolierung von allem Geschehen im Kosmos. Wenn uns – abgesehen von der Religion – überhaupt irgendetwas näher an die kosmischen Zusammenhänge bringt, in denen wir stehen, dann ist es die Astrologie gemeinsam mit der Astronomie. Was soll mir die astrophysikalisch gewonnene Erkenntnis einer Fixsterntemperatur bringen, ohne dass ich um den Einfluss dieses Himmelskörpers auf das menschliche Schicksal wüsste? Was hilft es mir, die Materialien zu kennen, aus denen die Saturnringe aufgebaut sind, ohne Saturn in seinem Wirken auf der Erde und im menschlichen Schicksal verstanden zu haben?

Was ist ein Horoskop, und wie kann der PC helfen?

In welcher Weise könnte uns der PC nun helfen, Nutzen aus dem heute bekannten Wissen der Astrologie zu ziehen? Ein typisches Werkzeug und zentrales Thema der Astrologie ist das Erstellen eines Horoskops. Ein Horoskop ist rein technisch gesehen eine Himmelskarte, die für einen bestimmten Moment erstellt wird. Oft wird ein Horoskop für den Geburtszeitpunkt eines Menschen berechnet, um daraus Rückschlüsse auf sein Schicksal, seine Begabungen und seine Probleme zu ziehen. Ein Horoskop kann man aber für alle möglichen Situationen befragen, zum Beispiel für den Arbeitsbeginn bei einer neuen Firma, für einen Vertragsabschluss oder für den Beginn einer neuen Partnerschaft.

All diesen Gelegenheiten ist eines gemeinsam: Es handelt sich immer um den Beginn eines Prozesses, weil man in der Astrologie davon ausgeht, dass am Startpunkt, zum Beispiel eines menschlichen Lebens, der Keim für alle späteren Erlebnisse und Begebenheiten gelegt ist. Ein solches Horoskop kann Ihnen der Computer in Sekundenschnelle erstellen.

Wie kann man sich das vorstellen, dass der Beginn eines Unternehmens so entscheidend sein soll, und was hat dies mit den Himmelskörpern zu tun?

Hier hilft uns wieder, wie auch bei der Betrachtung der Kabbala oder des Tarots, die energetische Sichtweise unseres Universums bzw. des Sonnensystems weiter. Stellen Sie sich das Sonnensystem von vielen Energieströmen durchzogen vor. Diese Ströme variieren im Rhythmus der Planetenbewegungen. Das gesamte Sonnensystem ist ein Schwingungsgebilde, in das unsere Erde und auch wir eingebettet sind. Aber auch in unserem Inneren gibt es eine Unzahl energetischer Ströme. Die Chinesen nennen diese Energie, die in uns fließt, »Qi« (gesprochen: »Tschih«), die Inder nennen sie »Prana«.

Das Qi unseres Körpers steht immer in Zusammenhang mit dem Qi, das uns umgibt. Deshalb legte man im alten China so viel Wert darauf, immer im Einklang mit der Natur zu leben, und machte dort die Qigong-Übungen. Das sind Übungen, um sein Qi zu bewahren und zu stärken. Wenn möglich, praktizierte man sie in der Nähe starker Naturenergien wie bei Wasserfällen, Bergen oder starken Bäumen, um das Qi bzw. die Energie der Umgebung in sich aufzunehmen. Aus diesem Grunde gab es auch Praktiken, die zum Beispiel nur zu bestimmten Mondständen durchgeführt wurden. Das Wissen um planetare Energien und ihre Einwirkungen und Entsprechungen im Menschen war selbstverständlich.

Das Energiegefüge eines Startpunktes, zum Beispiel einer menschlichen Geburt, ist entscheidend für die spätere Entwicklung dieses Individuums, ähnlich wie im Samen auch schon der gesamte Baum potenziell vorhanden ist. Da aber das innere Energiemuster heutzutage weder gefühlt noch gemessen werden kann, greift man auf die Planetenkonstellationen des Geburtsmoments zurück, also äußere Gegebenheiten. Diese lassen sich berechnen, und aus ihnen kann man Rückschlüsse auf die im Menschen jetzt und später wirkenden Energien ziehen.

Karma und die Befreiung aus Energiemustern

Das Energiemuster des Menschen bei der Geburt und seine Darstellung im Horoskop als Spiegelung des planetaren Energiegefüges wurde in den östlichen Kulturen als so genanntes karmisches Muster verstanden.

Obwohl die meisten Leser mit dem Begriff des Karmas vertraut sein werden, möchte ich an dieser Stelle einige Anmerkungen aus astrologischer Sicht dazu machen. In den östlichen Religionen und Philosophien geht man davon aus, dass die unsterbliche Seele des Menschen verschiedene Entwicklungsstadien durchläuft. Um entsprechende Lern- und Wachstumserfahrungen machen zu können, inkarniert sie sich unzählige Male im materiellen Universum. Die inkarnierte Seele erzeugt Wirkungen in der materiellen Welt, die sich nicht nur in der Umgebung des betreffenden Menschen äußern, sondern die nach dem Gesetz von Ursache und Wirkung, »Actio gleich Reactio«, auf den Menschen zu einem späteren Zeitpunkt zurückschlagen. Karma ist also die Handlung selbst und die Reaktion auf diese Handlung.

Am Beginn eines irdischen Lebens wird die Seele daher mit einer Energiesituation konfrontiert, die in Einklang mit dem durch diese Seele erschaffenen Karma steht. Mit anderen Worten, man wird genau unter solchen Umständen geboren – Ort, Familie, Besitztümer, Begabungen –, die dem eigenen Karma entsprechen. Der heute als »schlafender Prophet« bezeichnete Amerikaner Edgar Cayce, der unter anderem durch unzählige hervorragende psychologische und medizinische Analysen bekannt wurde, die er in Trance gab (»Readings«), weitete diese Tatsache auf das spätere Leben eines Menschen aus. Er sagte, dass immer dann, wenn man auf eine sehr schwierige Situation stößt, man sozusagen sich selbst trifft, weil der Mensch dann genau mit der Erfahrung konfrontiert wird, die er sich in der Vergangenheit, eventuell in einem vorherigen Leben, erschaffen hat. Das Geburtshoroskop enthält dieser Auffassung gemäß nichts als Karma, also Energiemuster als Wirkungen vergangener Gedanken, Wünsche und Taten. Dies ist weder positiv noch negativ zu sehen, es »ist« einfach.

Aufgrund dieser Erkenntnis kamen unter Astrologen und auch Gegnern der Astrologie immer wieder Diskussionen darüber auf, ob denn der Mensch rein schicksalsgetrieben sei oder ob er nicht doch durch den freien Willen sein Los selbst bestimmen könne. Dabei ist die Lösung doch ganz einfach: Wir kommen eben aufgrund bestimmter Ursachen unter gewissen Umständen zur Welt. Heute nennt man so etwas in weiten Kreisen gern auch »Rahmenbedingungen«.

Innerhalb dieser Bedingungen können Sie Ihren Willen frei entfalten und entsprechend handeln. Im Geschäftsleben sind das, um einen Vergleich zu ziehen, bestimmte Ressourcen, die Ihnen zur Verfügung stehen: Kapital, Mitarbeiter, Material, Zeit, Ideen. Der Markt bestimmt zum großen Teil, womit Sie Erfolg haben können. Manchmal aber ist es jemandem möglich, trotz knapper Ressourcen entscheidend den Markt selbst zu beeinflussen. Sie haben dann Ihre anfänglichen Rahmenbedingungen gesprengt. So verhält es sich auch mit dem im Geburtshoroskop repräsentierten Karma. Dies ist eine Startrampe, durch die Ihnen einiges im Leben möglich ist, anderes aber verschlossen bleibt. Wie kommen Sie aus diesen Bedingungen heraus? Und ist es überhaupt möglich wie in unserem Beispiel aus dem Geschäftsleben?

Die Antwort ist ja, dies sagen zumindest die jahrtausendealten Traditionen. Den alten Lehren nach ist es möglich, durch innere Übungen wie Meditation, durch verändertes Denken und Wollen und durch geschicktes Verhalten seine Schwingungsrate so zu erhöhen, dass man sich über das Energiemuster des Karmas erhebt. Ein Ziel der Astrologie ist also auch, nicht nur die Energien eines Horoskops zu verstehen, sondern über dieses Energiemuster hinauszuwachsen und von den »Rahmenbedingungen« des Karmas unabhängig zu werden. Dies ist einigen Menschen gelungen, die man in der Regel als »Erleuchtete« oder »Erwachte« bezeichnet.

Sich selbst besser verstehen
mit der Astrologie

Auf dem Weg des spirituellen Erwachens ist die Astrologie ein nützliches Hilfsmittel, um uns selbst und die Einflüsse, denen wir unterliegen, zu verstehen. Der Tiefenpsychologe C. G. Jung war der Ansicht, dass unser Schicksal sich in dem Maße ändern muss, wie wir unsere innere Situation verstehen lernen. Alles, was innen nicht erkannt wird, muss sich in der Außenwelt als Schicksal manifestieren. Aus diesem Grunde kann uns die Astrologie so effizient bei unserem geistig-spirituellen Wachstum helfen. Ein Verständnis der Planetenenergien in einem Horoskop liefert uns wertvolle Aufschlüsse über unser Innenleben – oder auch über das unserer Freunde oder Ehepartner.

Die Bedeutungen der Planetenstellungen und -beziehungen zueinander sind seit alter Zeit bekannt und uns vor allem durch die Griechen, Araber und Inder überliefert worden. Vieles davon ist im Laufe der Jahrhunderte auch verloren gegangen oder entstellt worden. Astrologen auf der ganzen Welt bemühen sich, das vollständige Wissen der Astrologie wieder zu restaurieren. Computerprogramme verlangen Ihnen dieses Wissen nicht ab, Sie können auch als absoluter Laie ein Astrologieprogramm bedienen und die Ergebnisse vom Bildschirm ablesen bzw. ausdrucken. Aber welche Art Ergebnisse? Wofür können Sie die Astrologie bzw. Horoskope konkret einsetzen?

Das Geburtshoroskop aus dem Computer

Ein Horoskop zu erstellen nach dem Motto »Wie wird denn heute mein Tag?« ist sicherlich nicht sinnvoll. Damit wären Sie nicht sehr weit von den Horoskopen der meisten Illustrierten entfernt. Diese Art Horoskope hat übrigens mit ernstzunehmender Astrologie absolut nichts zu tun! Jemand, der anfängt, sich mit der Astrologie zu beschäftigen, beginnt sehr häufig mit dem eigenen Geburtshoroskop. Sie benötigen hierzu Ihr Geburtsdatum, die Geburtszeit* sowie den Geburtsort bzw. dessen geographische Koordinaten. Die Koordinaten für größere Orte sind allerdings den meisten Programmen bekannt. Gängige Astrologieprogramme, auch Shareware-Programme, geben Ihnen eine graphische oder eine tabellarische Auswertung und auf Wunsch eine Deutung. Die Deutung wird zunächst das sein, was Sie am meisten interessiert.

Dieses Geburtshoroskop wird Ihnen schon, je nach Güte des Programms, sehr viele Aufschlüsse über sich selbst geben können, über Ihre Stärken und Schwächen, über Gelegenheiten und Problemstellungen im Leben. Interessant für den augenblicklichen Moment bzw. für Ihre derzeitige Lebenslage wird es, wenn Sie Direktionen und Transite mit hinzuziehen. Diese Fachbegriffe der Astrologie bedeuten, dass Sie in Ihr Geburtshoroskop die momentanen Positionen der äußeren, langsameren Planeten hineinzeichnen (Transite) und ebenso die nach einem besonderen Schlüssel berechneten Positionen der inneren, schnellen Planeten (Direktionen). Auf diese Weise erhalten Sie Aufschlüsse über die Wirkung

---

* Möglichst genau (kann man beim Standesamt des Geburtsortes erfragen).

der augenblicklich herrschenden Energien auf das Energiegefüge, das Sie selbst darstellen. Sie erkennen hierdurch,
dass und warum Sie vielleicht gerade eine Krise durchleben,
ob die Zeit günstig ist für finanzielle oder sonstige Unternehmen, wann die Zeiten für Sie wieder besser oder
schlechter werden. Dieses leisten allerdings nur anspruchs-
vollere Programme.

Mechanisierte Stundenastrologie

Eine weitere Anwendung der Astrologie ist die so genannte
Stundenastrologie. Hier wird das Horoskop letztlich wie die
Karten beim Tarot verwendet. Es gibt zwar keine zufällige
Planetenkonstellation so wie einen »zufälligen« Karten-
wurf, aber entscheidend ist der Zeitpunkt, zu dem Sie das
Horoskop befragen wollen. Sagen wir, Montagnachmittag
um fünf Uhr fällt Ihnen ein, dass Sie für ein bestimmtes Problem eine Lösung suchen, und Sie entscheiden sich dafür,
die Stundenastrologie einzusetzen. Dann fertigen Sie ein
Horoskop genau für diesen Zeitpunkt an. Dieses Horoskop
ist unabhängig von Ihrem Geburtshoroskop und wird für
sich allein stehend betrachtet und wäre für jeden Menschen
an Ihrem Ort, der sich zur gleichen Zeit entscheidet, ein
Stundenhoroskop anzufertigen, auch das gleiche!

Die Methode der Stundenastrologie mag dubios erscheinen und wird auch von vielen Astrologen als nichts sagend
abgelehnt. Auf der anderen Seite kann der von Ihnen ge-
wählte Zeitpunkt genauso wenig zufällig sein wie die Reihenfolge der gezogenen Karten beim Tarot. Aus den Stellungen der Planeten in den Zeichen und Häusern liest der

Astrologe bzw. Ihr Computerprogramm dann ab, was »die Stunde geschlagen hat«. Soll heißen: wenn die Frage sich zum Beispiel auf den Ausgang einer Unternehmung bezog, ob Sie damit Erfolg haben werden und worin die Schwierigkeiten bestehen könnten.

Grundlegende Bestandteile eines Horoskops

Wenn Sie über die vorgefertigten Textausgaben des Computerprogramms hinaus ein eigenes Verständnis der Astrologie und ihrer Gesetze erlangen wollen, ist dies heute kein schweres Unterfangen mehr. Es gibt genügend einschlägige Literatur, um sich auch in dieses Thema einzuarbeiten. Hier möchte ich Ihnen nur einige einführende Hinweise über die grundlegenden Bestandteile eines Horoskops geben. Das Horoskop ist wie schon erwähnt eine Himmelskarte, eine Momentaufnahme. Ohne dass wir diese deuten, ist sie im heutigen Sinne rein astronomischer Natur. Es werden speziell die Himmelsregionen betrachtet, die entlang dem scheinbaren Lauf der Sonne liegen, der Ekliptik. Die Astrologie ist geozentrisch ausgerichtet, alle Bewegungen der Himmelkörper werden so betrachtet, als ob die Erde im Zentrum dieser Bewegungen sei. In diesem Sinne ist also auch die Sonne ein »Planet«, der um die Erde wandert. Die Planeten, im Folgenden schließt dieser Begriff auch Sonne und Mond mit ein, nehmen eine Position am Himmel ein, die entweder aus Tabellen ablesbar oder berechenbar ist. Das Erstere war bisher die gängige Methode der Astrologen, das Zweite die Methode der Astrologieprogramme. Inzwischen wird es kaum noch einen Astrologen geben, der sich nicht auch eines Programms bedient.

Die Himmelspositionen der Planeten sind mehr oder weniger immer in der Nähe der Ekliptik zu finden, also der scheinbaren Sonnenbahn um die Erde. Das liegt daran, dass unser Sonnensystem im Querschnitt eine Scheibe bildet, bei der alle Planeten sich entlang dieser Scheibenfläche um die Sonne bewegen. Dies gilt natürlich nur in gröbster Näherung, einige Schieflagen der Ebenen kommen durchaus vor. In der Wirklichkeit befindet sich die Sonne im Zentrum dieser Scheibe (heliozentrisches Weltbild), für alle astrologischen Berechnungen ist aber die Erde im Zentrum (dieser Unterschied hat jedoch keinen Einfluss auf die Richtigkeit der Berechnungen und Deutungen). Die Ekliptik ist also eine scheinbare Kreisbahn – der Sonne – um die Erde und wird im Jahr einmal durchlaufen. Die Planeten bewegen sich entlang der Ekliptik.

Im Hintergrund der Ekliptik gibt es zwölf Sternbilder, die den entsprechenden Tierkreiszeichen ihren Namen gaben. Aber Vorsicht: Die Tierkreiszeichen des Horoskops haben eine andere Himmelposition als die realen Sternbilder! Der Tierkreis des Horoskops fängt immer an einem gedachten Punkt im Universum an – dem Frühlingspunkt. Von diesem Punkt ausgehend wird die Ekliptik in exakt zwölf gleiche Teile geteilt. Diese Teile stellen die Tierkreiszeichen dar, angefangen beim Widder und endend bei den Fischen.

Warum sind heute reale Sternbilder und die Tierkreiszeichen gleichen Namens um etwa 30 Grad gegeneinander verschoben? Man nimmt an, dass die Namensgebung für den astrologischen Tierkreis zu einer Zeit stattfand, als sich Sternbilder und Tierkreiszeichen genau deckten, also zum Beispiel das Tierkreiszeichen Widder genau auf dem Sternbild Widder platziert war. Die Verschiebung im Laufe der Jahrhunderte entsteht durch die Wanderung des Frühlingspunktes durch die Sternbilder. Ein voller Kreislauf des Frühlingspunktes, des Beginn des Tierkreises, dauert zirka 25 000 Jahre. Die Astrologie mit der heutigen Namensgebung der Tierkreiszeichen muss demnach entweder vor 2000 Jahren begonnen haben oder vor 27 000 Jahren oder vor 42 000 Jahren usw. Mit Sicherheit ist sie älter als 2000 Jahre, denn schon die Ägypter kannten unsere heutigen Tierkreiszeichen.

Oft zitiert wird das Relief mit Tierkreiszeichen von Dendera in Ägypten, auf dem eine Konstellation angeblich 90 000 Jahre vor Christus (!) abgebildet ist. Diese Zahl scheint allerdings ungewiss, wenn man um die Schwierigkeiten der Ägyptologen und Astronomen weiß, alle Symbole des Dendera-Kreises korrekt unserem heutigen Sternenhimmel zuzuordnen. Dendera ist eines der bedeutendsten und am besten erhalten gebliebenen Heiligtümer der Hathor und liegt etwa 50 Kilometer nördlich von Luxor. Bei seiner Entdeckung fanden die Archäologen diesen Tierkreis an der Decke des Tempels so bemerkenswert, dass Sie ihn nach Paris brachten und am Ursprungsort durch eine Imitation ersetzten.

Außer den zwei erwähnten Bauelementen für ein Horoskop, den Planeten und Tierkreiszeichen, werden noch die so genannten Häuser betrachtet. Dies ist eine Unterteilung des Erdumkreises in wiederum zwölf Abschnitte, die beim Aszendenten beginnen. Der Aszendent, der Beginn des ersten Hauses, ist derjenige Punkt der Ekliptik, der morgens früh um 6 Uhr über dem Horizont aufgeht, und ist somit stark ortsgebunden. Aus diesem Grunde muss für ein Horoskop auch immer der geographische Ort bekannt sein.

Ein Planet wird dann in seiner Wirkung danach beurteilt, in welchem Zeichen und Haus er sich befindet. Außerdem spielt der Abstand der Planeten voneinander eine Rolle. Diese Winkelabstände nennt man »Aspekte«. Mehr ins Detail brauchen wir an dieser Stelle aber gar nicht zu gehen.

Prioritäten bei der Deutung eines Horoskops

Damit Sie wissen, wie der Computer dazu kommt, die Interpretation eines ausgegebenen Horoskops so und nicht anders aufzufassen, liefere ich Ihnen hier noch ein paar Anhaltspunkte für die Prioritäten bei der Deutung eines Horoskops.

Die wichtigsten Faktoren sind in der Regel die Stellungen von Sonne und Mond in ihren jeweiligen Zeichen und Häusern, der Aszendent und der Herrscher des Aszendenten[*]. Nach diesen Begriffen können Sie auch zuerst in einem Astrologiebuch suchen, um deren Bedeutungen zu verstehen. Das Studium aller weiteren Faktoren, sprich Aspekte, Mondknoten usw., können Sie sich als Fortgeschrittener vornehmen. Die genannten Schlüsselfaktoren geben Ihnen bereits zu 60 bis 80 Prozent das komplette Bild dessen, was Sie in Erfahrung bringen möchten.

Wenn Sie einmal die Möglichkeiten betrachten, die sich allein durch die erwähnten Grundbausteine eines Horoskops durch Multiplikation ergeben – also zwölf Zeichen, zwölf Häuser, neun Planeten und die Aspekte –, kommen Sie auf eine solch riesige Anzahl von möglichen Kombinationen, dass Sie sich vorstellen können, wie umfangreich das Wissen der Astrologie ist und wie viele Jahre man sie studieren kann, ohne jemals behaupten zu können, sie gemeistert zu haben.

---

[*] Planet, der das Tierkreiszeichen regiert, in dem der Aszendent steht.

Übrigens, wenn Sie sich eher für das Studium der dem Menschen innewohnenden Energiebahnen interessieren – im Gegensatz zu den uns umgebenden Energien der Planeten – und diese Bahnen im Rahmen der chinesischen Akupunktur erlernen wollen, dann darf ich Ihnen verraten, dass auch für die Beherrschung der Akupunktur ein ganzes Leben notwendig ist. Und die in der Akupunktur bekannten Energien stellen nur einen Bruchteil der im Menschen wirkenden Energien dar! Sollten Sie aber eher an den geistigen Methoden interessiert sein, solche Energien zu meistern, wie dem inneren Qigong oder dem Yoga, auch dann werden Sie ein ganzes Menschenleben brauchen.

Noch eine Warnung an diejenigen, die ihre Intuition und sonstige geistigen Fähigkeiten bereits sehr gut entwickelt haben: Das Horoskop über eine andere Person gibt mehr Aufschlüsse, als Ihnen vielleicht lieb ist. Noch besser als mit einem Foto können Sie mittels eines Horoskopes dem oder der anderen tief in die Seele schauen. Dies grenzt fast an eine Verletzung der Privatsphäre und sollte deshalb eigentlich nur mit Einverständnis der anderen Person erfolgen.

Planeten leben!

Wir haben es in der Astrologie nicht mit toten Himmelskörpern bzw. neutralen »Materieklumpen« zu tun. Die Planeten sind nach unserer Definition vielmehr lebende Wesen, die zwar einen materiellen (Planeten)körper haben, aber sie sind durchdrungen von feineren Energiekörpern, ähnlich wie wir Menschen. Sie sind von riesigen Energiefeldern umgeben, die ihre für uns sichtbare Größe bei weitem übersteigt. Könnten wir allein das Magnetfeld des Jupiter sehen, wäre es zirka neunmal so groß wie der Vollmond! Weil die Planeten lebende, mit Intelligenz behaftete Wesen sind, wurden sie in der Antike als Götter betrachtet.

Auch die Erde ist in ihrer Gesamtheit eine solche Gottheit. Es war ein Meister der noch immer lebendigen Inka-Tradition Südamerikas, der mich darauf aufmerksam machte, dass die Marienfigur der katholischen Kirche ein perfektes Abbild der Erdgöttin ist, die die Inkas »Pacha Mama« nennen: umgeben von einem himmelblauen Mantel, der mit Sternen übersät ist, über dem Haupt einen leuchtenden Kranz aus Sonne und Planeten, auf dem Arm ein Kind als Symbol für die Menschheit, entweder auf der Mondsichel stehend oder den Mond über sich. Deutlicher geht es eigentlich nicht. Mutter Erde gebührt Verehrung als Göttin, dafür, dass sie uns ernährt und versorgt. Und unser Körper ist schließlich ein Teil von ihr.

Wir beschäftigen uns in der Astrologie also mit Lebewesen und Intelligenzen kosmischen Ausmaßes. Das bleibt nicht ohne Folgen. Da wir nach dem alten hermetischen Gesetz* alle Entsprechungen dieser Himmelskörper in uns tragen, werden auch diese Energien in uns aktiviert. Das wiederum hilft uns bei unserer persönlichen spirituellen Entwicklung. Ihre Weltsicht und Ihr Lebensgefühl werden sich ändern. Dies ist zu Ihrem Vorteil, aber Sie sollten darauf vorbereitet sein.

---

* Das hermetische Axiom, das auf Hermes Trismegistos zurückgeführt wird, lautet: »Wie oben, so unten.« Damit wird die Beziehung zwischen Makro- und Mikrokosmos beschrieben.

Astrologische Beratung für andere

Noch ein Wort zur astrologischen Beratung anderer Menschen: Es ist, glaube ich, selbstverständlich, dass wir andere Menschen erst dann beraten, wenn wir selbst erfahrene Astrologen geworden sind. Sie werden mir sicher zustimmen, dass es recht vermessen wäre, eine Beratungstätigkeit nur darauf zu gründen, dass wir ein astrologisches Computerprogramm besitzen. Ich erwähne dies deshalb, weil so etwas immer wieder vorkommt, auch aus gut gemeinten Absichten heraus.

Es dauert viele Jahre, bis man ein Horoskop wirklich gut versteht. Geduld ist heute keine weit verbreitete Tugend mehr, aber in diesem Fall absolut erforderlich. Eine verfrühte bzw. falsche Beratung eines anderen Menschen kann viel Unheil anrichten, das nicht nur dem Betreffenden schadet, sondern auch dem Ratgebenden selbst. Einige Menschen sind sehr empfänglich und vertrauensselig, wenn ihnen scheinbar astrologisch fundierte Erkenntnisse über sie mitgeteilt werden, besonders wenn es um zukünftige Geschehnisse geht. Voraussagen für negative Ereignisse wie Unfälle und schwere Krankheiten haben sich schon in vielen Fällen erfüllt, aber nicht, weil dies im Horoskop stand, sondern aufgrund des Mechanismus, der »sich selbst erfüllende Prophezeiung« genannt wird. Der Mensch glaubt in diesem Fall so stark an das, was ihm mitgeteilt wurde, dass er das Ereignis förmlich anzieht.

Zeitgewinn

Nach all diesen Ausführungen wird vielleicht deutlich, wie immens die Hilfe ist, die uns ein Computer in Bezug auf die Astrologie geben kann. Um vielfältigen Nutzen aus der Astrologie zu ziehen, muss man auch viele Horoskope berechnen; und das kostet nach der herkömmlichen Methode viel Zeit. Da der Computer wesentlich schneller rechnet als jeder Mensch, können Sie es sich mit einem solchen Programm auch leisten, sehr oft Momente astrologisch zu analysieren und dafür Horoskope zu erstellen, die Sie sonst aus Zeitgründen vielleicht einfach ignorieren würden.

Befreit von dem Ballast der Berechnung, können Sie die vom Computer kombinierten Deutungen verwenden, oder Sie ziehen Ihre eigenen Schlüsse, weil Sie inzwischen neugierig geworden sind und selbst verstehen wollen, was die Sterne Ihnen erzählen können. Die Königin der Wissenschaft – in meinen Augen ist sie das auch noch heute – rückt Ihnen damit einen Schritt näher.

Radionik –
Gesundheit durch Software

Eines der faszinierensten Gebiete, für das Sie Ihren Computer einsetzen können, ist die Radionik. Haben Sie hierfür Talent und sich erst mal genügend Know-how angeeignet, wird Ihr Computer zu einem mächtigen Instrument, mit dem Sie nicht nur sich selbst, sondern auch anderen Menschen helfen können. Unter Radionik versteht man heute eine Methode, bei der man mit subtilen Energiefeldern von Pflanzen, Menschen und Tieren auf die Ferne in Resonanz tritt, ihren Zustand analysiert und bei Fehlfunktionen ausgleicht. Dies machte man bislang mit radionischen Geräten unterschiedlicher Bauweise, heute kann man dazu auch den Computer bzw. Computerprogramme verwenden.

Aus dem Kapitel »Ein Computerchip lebt« bin ich Ihnen noch die Antwort darauf schuldig, wie Sie eventuelle negative Schwingungen Ihres Computers ausgleichen und ihn so »aufladen« können, dass er Sie mit guten Schwingungen geradezu bombardiert. Das einzige mir bekannte Mittel hierzu ist die Radionik. Auch deshalb kommt diesem Kapitel eine besondere Bedeutung zu.

Um die Funktionsweise der Radionik bzw. von radionischen Computerprogrammen zu verstehen, ist ein gewisses Weltbild und Verständnis notwendig, das nicht deckungsgleich ist mit dem, was Sie in der Schule oder Universität gelernt haben. Einige Pioniere auf diesem Gebiet haben der Menschheit im 20. Jahrhundert gezeigt, wie man durch radionische Manipulation von Energiefeldern und Einsatz des menschlichen Bewusstseins Fernwirkungen bei Menschen, Tieren und Pflanzen hervorbringen kann. Die Erfolge in der Radionik sind verblüffend – so verblüffend, dass sie lange Zeit vehement bekämpft wurde. Um sie zu verstehen, müssen wir uns einem radikal neuen Physikverständnis und einem vollständig neuen Ansatz in der Medizin öffnen. Sehen Sie mir deshalb bitte nach, dass ich ein wenig weiter aushole. Ich verspreche Ihnen aber, dass es spannend wird. Habe ich Sie neugierig gemacht?

Die Klopfzeichen des Dr. Abrams

Die Anfänge der Radionik liegen in der Medizin und werden heute auf Dr. Albert Abrams zurückgeführt, Professor für Pathologie und Direktor der medizinischen Fakultät der Stanford University in Kalifornien. Dr. Abrams war 1893, im Alter von dreißig Jahren, bereits Präsident der San Francisco Medico-Chirurgical Society und Vizepräsident der Emmanuel-Klinik. Dr. Abrams war ein begabter Arzt und Autor vieler medizinischer Bücher, der dank einer Erbschaft einen Großteil seiner Zeit der Forschung widmen konnte. Damals wurde er als führender Neurologe angesehen. Durch einen der merkwürdigen »Zufälle«, die oft den Anfang einer neuen Ära einleiten, wurde er eines Tages auf bis dato völlig unbekannte Wege geführt.

An diesem Tag kam ein Patient mit einem kanzerösen Tumor auf der Lippe in seine Praxis. Als Teil der Routineuntersuchung führte er auch eine Bauchperkussion (Abklopfen des Bauches mit den Fingern) durch – eine medizinische Diagnosemethode, die noch heute angewandt wird. Plötzlich hörte er direkt über dem Nabel einen dumpfen, hohlen Ton. Bei dieser Untersuchung stand der Patient. Drehte Dr. Abrams ihn zur Seite, verschwand der Ton, und nach einiger Zeit fand der Arzt heraus, dass ebenjener dumpfe Ton nur zu hören war, wenn sich der Patient in eine bestimmte Himmelsrichtung, nämlich nach Westen, drehte. Er war neugierig geworden und begann damit, jeden Patienten zu perkutieren. Bei allen fand er jeweils andere Positionen am Bauch, die offensichtlich mit der Art der Erkrankung korrelierten. Er war nach einiger Zeit in der Lage, eine Art Landkarte für die Krankheitspunkte auf dem Bauch anzufertigen. Alle Patienten mussten sich merkwürdigerweise immer nach Westen drehen, damit der Ton hörbar war.

Da einige seiner Studenten, die er mit diesem Phänomen vertraut machte, Schwierigkeiten hatten, den veränderten Klang an den Diagnosepunkten des Bauches zu hören, entwickelte er eine Methode, bei der er mit einem Glasstab über den Bauch strich. An der entsprechenden Stelle gab es einen Klebe- oder Hafteffekt. Dieser Effekt wird heute noch bei der Diagnose mit Radionikinstrumenten verwendet, allerdings ist die menschliche Bauchdecke durch eine so genannte Reibeplatte am Instrument selbst ersetzt worden. Dies ist eine Platte am Instrument, auf der man mit lose aufgesetztem Finger reibend leichte Kreisbewegungen ausführt, bis bei der richtigen Diagnose der Finger haften bleibt. In diesem Moment entsteht eine Resonanz zwischen diagnostizierter Krankheit und dem Bediener des Radionikgerätes.

Abrams nannte seine Entdeckung ERA (Electronic Reaction of Abrams). Er war damals der Ansicht, dass die Atome am Diagnosepunkt in irgendeiner Weise in ihrer Schwingung verändert worden waren und dadurch den Effekt hervorriefen. Mit diesem Konzept einer ursächlichen Schwingungsverschiebung ging Abrams den entscheidenden Schritt vorwärts. Er nahm krankes Gewebe eines Patienten, das diesem entfernt worden war, ließ es neben den Kopf eines völlig gesunden Menschen halten und registrierte dieselbe Reaktion an dessen Bauch, als ob dieser gesunde Mensch jetzt genau die Krankheit des anderen, kranken Patienten hätte. Die Schwingung der Krankheit hatte sich auf den gesunden Menschen übertragen!

Als nächstes Experiment positionierte Abrams die kranke Gewebeprobe in einen angrenzenden Raum und stellte zwischen der gesunden Versuchsperson und der Gewebeprobe eine Verbindung durch ein elektrisches Kabel her, das durch die Wand geführt wurde. Im Nachbarraum manipulierte einer seiner Assistenten das Kabel, hielt es mal in die Luft, mal an die Gewebeprobe. Immer wenn das Gewebe vom Kabelende berührt wurde, konnte Abrams die Reaktion am gesunden Menschen nachweisen, sonst nicht.

Der nächste logische Schritt war für ihn, statt des kranken Gewebes eine Blutprobe zu verwenden. Der Erfolg war der gleiche wie beim Gewebe. Bei einer malariaverseuchten Blutprobe konnte er den Effekt wieder aufheben, wenn er ein Heilmittel, das Chinin, zur Blutprobe dazubrachte! Das heißt, in diesem Moment war kein Symptom mehr nachweisbar. Wohlgemerkt, der gesunde Mensch, der als Diagnoseinstrument zum Einsatz kam, hatte keinen körperlichen Kontakt zum kranken Gewebe oder zur Blutprobe. Dr. Abrams hatte den Anfang einer Schwingungsmedizin begründet, die heute Arzt- und Therapeutenpraxen mit Bioresonanz- und Radionikgeräten versorgt. Ein Blutstropfen, eine Gewebeprobe oder etwas Sputum sind übrigens noch in unseren Tagen übliche »Kontaktmittel«, um eine radionische Diagnose, auch auf Distanz, auszuführen.

Die Entstehung des Oscilloclasten

Dr. Abrams' Problem war aber folgendes: Einige verschiedene Krankheiten hatten denselben Diagnosepunkt, sodass eine exakte Krankheitsbestimmung manchmal unmöglich war. Da Abrams eine elektrische Natur des Phänomens vermutete, beschloss er, einen veränderbaren elektrischen Widerstand in das Kabel einzubauen, das er benutzte. Einen solchen Widerstand nennt man »Potentiometer«. Dieses war anscheinend der entscheidende Durchbruch für unsere heutige Radionik. Er entdeckte, dass sich die Krankheiten trotz des gleichen Diagnosepunkts am Bauch aber durch verschiedene Potentiometereinstellungen unterschieden, also zum Beispiel 50 und 100 Ohm. Jetzt konnte er jeder Krankheit sowohl einen Diagnosepunkt als auch einen definitiven elektrischen Widerstandswert zuordnen. Das von ihm hierfür gebaute Instrument nannte er »Reflexophone«.

Die Idee dazu, die Methode auch zur Behandlung zu benutzen, kam ihm durch die Entdeckung, dass bei seinen Versuchen ein Medikament die Krankheitsreaktion bei der »Diagnoseperson« verschwinden ließ, wenn er es mit der Blutprobe des betreffenden Patienten zusammenbrachte. Zusammen mit dem Erfinder Samuel Hoffmann entwickelte er ein Sendegerät, das schwache elektromagnetische Schwingungen von 200 Hertz erzeugte. Der Patient – oder auch nur seine Blutprobe – wurde in den Schwingkreis dieses Gerätes geschaltet, an dem das für diesen Patienten richtige Medikament angebracht war. Und er gesundete! Das erste radionische Diagnose- und Therapieinstrument, der Oscilloclast, war entstanden.

Halten wir fest, was Dr. Abrams herausgefunden hatte, damit Sie erkennen können, warum sich seine Entdeckungen mit unserem heute gültigen wissenschaftlichen Weltbild noch nicht vertragen. Er entdeckte erstens, dass Krankheit mit Schwingung zu tun hat und dass diese Schwingung sogar auf einen gesunden Menschen übertragbar ist. Das verträgt sich nicht mit der mechanistischen Auffassung, dass der Mensch eine »Maschine« ist, die man ausschließlich mit chemischen oder natürlichen Drogen behandeln kann, und dass eine Infektion nur über materielle Träger, also Tröpfchen oder Körperflüssigkeiten bzw. körperlichen Kontakt, erfolgen kann. Zweitens entdeckten Dr. Abrams' Nachfolger, dass man sowohl zur Diagnose als auch zur Behandlung überhaupt nicht mit dem Menschen verbunden sein muss, sondern dass es vollkommen ausreicht, eine Blutprobe oder irgendeine Gewebeprobe des kranken Menschen zur Verfügung zu haben. Dies stimmt nicht mit der Auffassung unserer heutigen Schulwissenschaft überein, der noch kein Mechanismus bekannt ist, wie sich solch eine Information über den Raum und sogar über unbegrenzte Entfernung hinweg auf andere Menschen ausbreiten sollte.

Energiekörper und chinesische Medizin

Der inzwischen verstorbene englische Radioniker David Tansley wies in seinen Büchern darauf hin, dass der Mensch nicht nur einen grobstofflichen, materiellen Körper hat, sondern auch mehrere feinstoffliche, die den materiellen Körper durchdringen: Energie- oder Ätherkörper, Astral- und Mentalkörper. Dies ist lange bekanntes okkultes Wissen, das heutige Esoteriker wiederbelebt haben. Aber auch Wissenschaftler unserer Zeit kommen dem energetischen Geschehen im Menschen zunehmend auf die Spur. Tansley vertritt wie alle Radioniker den Standpunkt, dass eine Krankheit oder körperliche Störung ihren Ursprung in der Regel in einem der feinstofflichen Körper hat und dass sie doch viel wirksamer zu bekämpfen bzw. zu heilen wäre, wenn man ihr möglichst frühzeitig auch auf dieser Ebene begegnete. Dies kann man unter anderem mit radionischer Diagnose und Behandlung erreichen.

Die Feststellungen Tansleys sind, wie gesagt, absolut nicht neu. Wenn Sie sich mit der chinesischen Medizin beschäftigen, werden Sie feststellen, dass dort genau dieses Prinzip befolgt wird: Erkennen einer Krankheit, solange sie nur energetisch spürbar ist, zum Beispiel anhand der in China sehr ausgereiften Methoden der Zungen- und Pulsdiagnose. Behandelt man eine solche energetische Störung mithilfe der Akupunktur, Massage, Qigong-Übungen oder Kräutern, kommt die Krankheit nicht zum Ausbruch. Auch eine bereits manifeste Erkrankung lässt sich mit einem (therapiebegleitenden) Einsatz der energetischen Medizin wirksamer behandeln.

Besonders Akupunktur und Qigong sind Methoden, die noch vor vierzig Jahren im Westen nicht verstanden wurden, denn sie arbeiten mit Energiebahnen, den Meridianen, die sich im Energiekörper des Menschen befinden, also materiell nicht vorhanden sind. Und was es (materiell) nicht gibt, kann doch nicht funktionieren, oder? Merkwürdigerweise funktionieren diese Methoden aber schon mehrere tausend Jahre lang in China. Qigong-Meister können rein energetisch eine Krankheit oder Energiestörung im Körper diagnostizieren und durch Qi-Abgabe, meist über die Hände, heilen. Auch diese energetische Methode funktioniert, wie die Radionik, über räumliche Distanz hinweg – und verträgt sich nicht mit unserem heutigen wissenschaftlichen Weltbild westlicher Prägung.

Nun haben umwälzende Entdeckungen in der Regel eines gemeinsam: Sie stellen immer das bestehende Weltbild infrage, und das fordert das Establishment heraus, im Falle der Radionik das medizinische Establishment. Auch unsere Wissenschaftler begehen oft den Fehler, dass sie irgendwelche Denkmodelle und Vorstellungen über die Welt, nämlich das momentane Weltbild, mit der Realität selbst verwechseln. Entsprechend groß ist der Schock, wenn neue Erkenntnisse oder Verfahren das bisher gültige Paradigma umstoßen. Und die Wirksamkeit der Radionik war ein gewaltiger Schock.

Kleiner Exkurs in die Wissenschaftstheorie

Welche Gültigkeit hat ein Weltbild? Nach übereinstimmender Auffassung der Wissenschaftler aller Disziplinen wissen wir eigentlich gar nicht, wie die Natur um uns herum funktioniert. Wir können nur die Phänomene der Natur wahrnehmen oder sie mit Apparaten messen, danach Hypothesen darüber aufstellen, welche Naturgesetze dem Geschehen zugrunde liegen könnten, und dann Experimente durchführen, um aus der Hypothese eine Theorie werden zu lassen. Daraus leiten wir dann unsere wissenschaftlichen Versionen der Naturgesetze und entsprechende Formeln ab. Aber jeder Naturwissenschaftler weiß – oder sollte es wissen –: Das Weltbild, das wir auf solche Art aufbauen, ist niemals mit der Realität identisch und auf keinen Fall mit ihr zu verwechseln.

Wenn wir meinen, ein Naturphänomen oder ein Phänomen des menschlichen Geistes zu verstehen, haben wir in Wirklichkeit nur so viel erfasst, wie uns zu ebendiesem Zeitpunkt möglich ist. Eine neue Beobachtung, ein neues Experiment kann aber zur Folge haben, dass wir alles bisher Erkannte und für wahr Gehaltene noch einmal überdenken müssen. In der Regel führt dies zu einer Erweiterung unseres Weltbildes. Bis sich ein neues Weltbild durchsetzt, sowohl in der Wissenschaft als auch in der breiten Bevölkerung, vergehen im Schnitt fünfzig Jahre oder mehr! Der Weg dorthin ist meistens mit heftigen Meinungskämpfen bis zu tatsächlichen Attentaten gepflastert, denn das Establishment fühlt sich durch umwälzende neue Erkenntnisse seit jeher bedroht, dazu muss man nicht erst auf die Zeiten eines Giordano Bruno, Galileo Galilei oder Ferdinand Sauerbruch verweisen.

Warum nun dieser Exkurs in die Wissenschaftstheorie? Ich möchte Sie einfach dafür vorbereiten, dass Sie mit der Radionik völlig neue Wege gehen können, die im Widerspruch zur offiziellen Lehrmeinung stehen. Ungeachtet dessen ist sie sehr erfolgreich. Ich möchte Ihnen die ganze Geschichte der Entwicklung der Radionik an dieser Stelle ersparen. Es sei nur erwähnt, dass die Nationen der Erde sehr unterschiedlich mit diesem Wissen umgehen. Während es in den USA nicht erlaubt ist, mit solchen Geräten zu diagnostizieren oder zu behandeln, werden sie in England von vielen Therapeuten ganz offiziell eingesetzt.

In Deutschland ist der Status nicht eindeutig. Ferndiagnose und -behandlung von Menschen sind bei uns generell verboten (weil es so etwas offiziell nicht gibt). Überhaupt würden Sie dann, wenn Sie tatsächlich jemanden behandeln wollten, dem Heilpraktikergesetz unterliegen. Außer Ärzten sind nur Heilpraktikern Diagnose und Therapie gestattet, dann aber in direktem Kontakt des Patienten mit dem Gerät. Dem Unterfangen, andere zu therapieren, steht also einiges entgegen, und Sie sollten besser davon Abstand nehmen. Der Arzt oder Heilpraktiker hingegen kann mit Einverständnis des Patienten radionisch behandeln und dadurch sehr viel Gutes erreichen. Was Sie mit sich selbst tun, also ob Sie Radionik für sich selbst benutzen, unterliegt bei uns keiner Gesetzgebung.

Schädlingsbekämpfung mit Radionik

Es gibt aber auch noch etwas anderes, das Sie mit Radionik ganz erfolgreich behandeln können und dürfen – und zwar Pflanzen (keine Angst, wir kommen noch zum Computer ...). Pionier hierfür war der Amerikaner Curtis Upton, Sohn eines Mitgesellschafters von Thomas Edison. Genauso wie eine andere Pionierin der Radionik, Ruth Drown, dies auf medizinischem Gebiet einführte, verwendete er für Pflanzendiagnose und -behandlung eine Reibeplatte auf den von ihm entworfenen und gebauten radionischen Geräten. Während er anfangs noch ein Blatt von der Pflanze benötigte, die er diagnostizieren und behandeln wollte, wechselte er später auf Luftaufnahmen um, die er von den Feldern machte, die zur Behandlung vorgesehen waren.

Seine Erfolge waren enorm. Er befreite zum Beispiel die Felder vieler Farmer von allen möglichen Schädlingsarten ohne den Einsatz riesiger Mengen Pestizide oder sonstiger Gifte einfach dadurch, dass er auf seinem Radionikgerät das Foto des Feldes und eine winzige Menge eines Schädlingsbekämpfungsmittels zusammenbrachte und damit die Wirkung des Mittels auf das Feld übertragen konnte. Seine Arbeitsweise war ausgesprochen sorgfältig, in vorherige und nachherige Untersuchungen des Behandlungsgebietes waren immer Vergleichs- oder Kontrollfelder einbezogen. Wegen der Neuartigkeit seiner Behandlungsmethode mussten die Farmer erst dann dafür zahlen, wenn der Erfolg eintrat und die Schädlinge entweder vernichtet oder vertrieben waren. Dies war immer der Fall!

Gegenkräfte

Bis in die sechziger Jahre wurde so in den USA von vielen Farmern erfolgreich Schädlingsbekämpfung mit Radionik betrieben, völlig unschädlich für Mensch und Pflanze, aber äußerst bedrückend für die einflussreiche Pestizidindustrie. Dies war sicher mit ein Grund für das Verbot von Radionikgeräten in den USA.

Abrams wiederum wurde wahrscheinlich Opfer anderer Interessengruppen. Er lehrte die Methode vielen Studenten und Kollegen. Die Geräte verkaufte er nur an solche Ärzte, die sich von ihm in die Benutzung hatten einweisen lassen. Die Erfolge waren gewaltig und sprachen sich schnell herum, und so ließen die Neider und Gegner nicht lange auf sich warten. Seine Gegenspieler waren zur damaligen Zeit unter anderem die Rockefellers, die große Summen in die pharmazeutische Industrie investierten und natürlich keinerlei Interesse daran hatten, eine elektrische oder elektronische Medizin entstehen zu lassen. Sie verwendeten eine der üblichen Methoden, um neue und wirksame Entdeckungen zu bekämpfen: Sie machten die Methode lächerlich, bezeichneten sie als Scharlatanerie, sprachen von einer »magischen Box«. Den Ärzten, die die Methode verwenden wollten, wurde offen gedroht. Dr. Abrams starb sehr früh, über die Gründe lässt sich nur spekulieren.

Sicher ist im Falle Dr. Abrams', des Begründers der Radionik, auch der Neid von Berufskollegen nicht zu unterschätzen, denen damals durch erfolgreiche medizinische Radionikbehandlungen viele Patienten verloren gingen. Edward W. Russell drückt das in seinem Buch *Report on Radionics** so aus: »Die schäbige Behandlung Abrams' durch seine Berufskollegen unterschied sich natürlich in keiner Weise von derjenigen, die Lister, Pasteur und andere große Pioniere der Vergangenheit erleiden mussten. Tatsächlich sind diese Vorkommnisse in der Medizingeschichte so häufig, dass ein Zyniker feststellen könnte, dass dann, wenn jemand das Ziel gegnerischer Machenschaften seiner Berufskollegen wird, dies manchmal als ein Zeugnis für außergewöhnliche Errungenschaften anzusehen ist.«

---

* Edward W. Russell: *Report on Radionics*, Saffron Walden 1995.

Auch die Radioniker Upton und Drown sowie später der Engländer De La Warr erlitten ein ähnliches Schicksal wie Abrams. Ihre Behandlungsmethoden von Mensch und Pflanze wurden lächerlich gemacht, es wurden Gerichtsprozesse angestrengt, um die Unwirksamkeit der Methode nachzuweisen. Dies gelang zwar nicht, trotzdem wurden aber die Radioniker verurteilt, und die Behörden veranlassten, dass die Geräte zum Teil vernichtet wurden.

Radionikgeräte heute

Heute sind viele Gruppen auf der ganzen Welt damit beschäftigt, mit modernen Radionikgeräten die Pflanzenschäden in der Umwelt großflächig zu reparieren – mit teilweise ganz beachtlichen Erfolgen. Leider ist zu befürchten, dass damit der Industrie ein Freibrief gegeben wird, weiter schädliche Stoffe in die Atmosphäre abzugeben, denn durch die eher unauffällige Radionikbehandlung wird das Gefahrenpotenzial weniger offensichtlich.

Inzwischen sind eine ganze Reihe von Radionikgeräten auf dem Markt erhältlich, nicht alle sind in Deutschland zu haben. Heute ist auch ein umfangreiches Wissen darüber vorhanden, welche Schwingungen bzw. Schwingungsraten einer Krankheit oder einem psychischen Zustand entsprechen. Solche Schwingungen wurden von einigen Forschungen in Form von Radiowellen* erzeugt, andere beschränkten sich lediglich auf Schwingungszahlen bzw., wie bei den meisten heutigen Radionikgeräten, auf Schwingungsraten. Diese Ra-

---

* Elektronische Therapie nach Dr. Royal Raymond Rife.

ten sind meist Ziffernkombinationen, mit denen Radioniker jedes Körperorgan und jede Krankheit diagnostizieren und behandeln können.

Energiefelder

Der radionische Sender heutiger Bauart ist ein Skalarwellen-sender – wieder ein neues Gebiet, von dem Sie aus heutigen Hörsälen oder Physikbüchern nichts erfahren werden, obwohl die Militärs angeblich seit Jahrzehnten damit arbeiten. Skalare sind Zustände oder Potenziale, die Sie an beliebigen Raumpunkten erzeugen können. In der Regel ist dies mit konventionellen elektronischen Bauteilen wie Spulen oder Kondensatoren zu erreichen. Wir haben es hier mit so genannten IDFs zu tun: Intrinsic Data Fields (auf Deutsch: »Intrinsische Informations-Felder«) oder auch SIF – Subtle Information Fields (auf Deutsch: »Subtile Informations-Felder«).

Immer wieder hatten Wissenschaftler und auch Esoteriker die Auffassung vertreten, dass es Informationsfelder geben müsse, die sich in einer anderen Dimension befinden. Diese Felder, von einigen wie dem englischen Autor Harold Saxton Burr* auch L-Felder (Lebensfelder) genannt, seien dafür verantwortlich, dass die Materie »weiß«, wie sie sich zu formen und zu organisieren hat, beispielsweise als Atom oder Molekül, als Pflanze oder Tier. Diese Felder können Sie mithilfe von Radionikgeräten analysieren, aber auch erzeugen und beeinflussen. Mit einem Radionikgerät können Sie das korrekte Informationsfeld für Tier oder Pflanze generieren

---

* Harold Saxton Burr: *Blueprint for Immortality*, Saffron Walden 1991.

und so Krankheiten, noch ehe sie im Materiellen sichtbar werden, diagnostizieren und verhindern.

Dies ist, wie weiter oben schon erwähnt, das Prinzip, das der chinesischen Medizin mit ihren Methoden der Akupunktur und des Qigong zugrunde liegt. In der Akupunktur wird das Energiesystem des Körpers behandelt. Die Nadeln werden in strategische Punkte auf den so genannten Meridianen gestochen. Wie gesagt ist ein Meridian aber materiell, zum Beispiel unter dem Mikroskop, überhaupt nicht nachweisbar. Eine Krankheit entsteht dem Wissen der chinesischen Medizin zufolge erst im Energiekörper, später wird sie manifest und sichtbar. Die energetische Pulsdiagnose ist durchaus als Vorläufer der Radionik zu betrachten.

Trotz des ähnlichen Prinzips geht die Radionik aber einen wesentlichen Schritt weiter in die feinstofflichen Realitäten unseres Universums hinein. Die Informationsfelder, mit denen die Radionik arbeitet, sind noch um vieles subtiler als der Energiekörper. Hier hilft Ihnen leider unsere westliche Wissenschaft nicht mehr weiter, denn unser medizinisches Weltbild kennt nur den materiellen Körper, während die alten asiatischen Kulturen von jeher ein Verständnis davon hatten, wie ein Lebewesen, also auch der Mensch, energetisch aufgebaut ist. Man spricht hier, wie vom Radioniker David V. Tansley gefordert, von Ätherkörpern, Astralkörpern und Mentalkörpern, die sich alle durchdringen und auf verschiedenen Schwingungsebenen existieren. Zwischen diesen Körpern gibt es noch zusätzliche Bindeglieder. Mit der Radionik setzen Sie mindestens auf der Ebene des Mentalkörpers an, wenn nicht noch darüber hinaus.

Einige bedeutende Radionikforscher stellten inzwischen fest, dass sie lediglich mit dem elektrischen Schaltplan eines radionischen Gerätes in der Lage waren, den gleichen therapeutischen Einfluss auszuüben wie mit dem Gerät selbst. Offensichtlich hatten sie also gelernt, ihr Bewusstsein in einer Weise zu benutzen, wie es uns in der Regel unbekannt ist. Woraus man natürlich auch schließen kann, dass die Radionikgeräte letztlich durch ihre Konstruktion nur Gedankenverstärker darstellen, dass aber der eigentliche wirksame Teil unser Bewusstsein ist! Diagnose und Heilung geschehen also gar nicht durch das Gerät, sondern durch Resonanz des Bewusstseins zweier Menschen. Wie gesagt, das Weltbild gerät ins Wanken.

Radionik im PC

Und jetzt kommen wir endlich zu Ihrem PC und wie Sie damit radionisch arbeiten können. Aus persönlicher Erfahrung empfehle ich Ihnen, zuerst mit einem tatsächlichen radionischen Gerät unabhängig vom Computer zu arbeiten, um Ihr Bewusstsein zu trainieren. Wissen Sie dann, wie sich radionische Arbeit anfühlt, und haben Sie Ihre Intuition genügend entwickelt, können Sie auch mit einem PC-Programm radionisch arbeiten. Sie geben bei einem solchen Programm so genannte Radionikraten in die Tastatur ein oder lassen automatisch eine Folge von Raten ablaufen. Der Sender sind Sie. Nehmen Sie bitte Abstand von solchen Programmen, die per Zufallsgenerator irgendwelche Raten erzeugen. Das ist nicht seriös und hat keinerlei Basis.

Die Bedienung eines separaten Radionikgerätes möchte ich hier nicht erläutern. Jeder Hersteller liefert ausführliche Anleitungen mit. Wie aber müssen Sie bei der Beeinflussung

Ihres eigenen PCs mittels radionischer Software vorgehen? Sowohl bei einem Radionikgerät als auch bei Radioniksoftware brauchen Sie in der Regel eine Probe dessen, was Sie analysieren oder behandeln möchten. Da es uns aber vor allem darum geht, den PC schwingungsmäßig zu beeinflussen, benötigen Sie weiter keine Probe, denn die Software läuft ja auf ebendem Gerät, das Sie hinsichtlich seiner Schwingungen verändern wollen.

Eine Reibeplatte zur Schwingungsanalyse wird entweder vom Hersteller des Programms mitgeliefert, oder Sie können sich selbst eine Platte aus glattem, hartem Material herstellen, die Sie über ein handelsübliches Modemkabel an die serielle Schnittstelle des PCs anschließen. Die elektrische Ankoppelung ist aber vollständig unwichtig. Warum Sie die Platte dann überhaupt anschließen, fragen Sie jetzt? Weil unser Bewusstsein die Illusion braucht, radionische Beeinflussung würde nur mit Geräten und Kabeln funktionieren. Weiter oben hatte ich bereits von Radionikern berichtet, die völlig ohne Technik auskommen. Als fortgeschrittener Praktiker wird Ihnen deshalb die Schreibtischoberfläche als Reibeplatte ausreichen, ohne jegliche Verbindung zum PC.

Was Sie in jedem Fall brauchen, sind radionische Raten, und zwar diejenigen Schwingungsraten, um mit dem PC oder speziellen Schwingungen ihres PCs in Resonanz zu kommen und ihn radionisch zu »optimieren«. Sind Sie also vor allem müde und abgespannt durch die PC-Arbeit, wären hier die Raten für Energie und Frische angebracht. Sind Sie wie ich der Ansicht, dass sich durch den PC zum Beispiel Qualitäten wie

• Empfindungslosigkeit für die eigene Seele,
• Gefühlsleere, Gefühlskälte,

- Dämpfung der Eigeninitiative,
- Zersetzung der eigenen Integrität und
- Depression

ausdrücken, dann wären die Raten für

- Gefühlskontakt,
- seelische Wärme,
- Initiative,
- Integration der Persönlichkeit und
- Begeisterung

geeignet. Sie können durchaus mehrere Raten zusammenstellen und sie auf einmal aktivieren oder nacheinander mit gewissem Zeitverzug. Dies hängt sehr stark von den Möglichkeiten des verwendeten Programms ab.

Wollen Sie sich selbst beeinflussen, reicht ein Polaroidfoto (kein normales Foto), das Sie an geeigneter Stelle am Bildschirm anbringen* oder an einem dafür vorgesehenen Eingabebecher, der mit der Software mitgeliefert wird. Auch dieser Eingabebecher wird meist über eine serielle Schnittstelle mit dem Computer verbunden.

Radionische Raten bekommen Sie von jedem Radionikgerätehersteller, allerdings in der Regel nur zusammen mit einem Gerät, das Sie dort kaufen, oder zusammen mit einem Radionikprogramm für den PC**.

Um sich näher mit dem Gebiet der Radionik vertraut zu machen, empfehle ich Ihnen, die Bücher des bedeutenden englischen Radionikers Tansley zu lesen.

Die Möglichkeiten, die sich Ihnen durch die Radionik am PC eröffnen, sind enorm. Sie können nicht nur die gesamte

* Hängt sehr stark von der verwendeten Software ab.
** www.radionik.net/service/adressen.htm.

negative Strahlung eines Computers damit neutralisieren, sondern Sie können sie auch verwenden, um all Ihre Krankheitszustände zu diagnostizieren und zu behandeln. So sagen es jedenfalls die Radioniker. Hier ist der übliche Hinweis am Platze: Verzichten Sie bei einer Krankheit nicht auf den Besuch beim Arzt oder Heilpraktiker. Dies sind die Fachleute, und Sie könnten sonst leichtsinnig Ihre Gesundheit aufs Spiel setzen. Auch um ein Radionikgerät kompetent bedienen zu können, ist ein fundiertes medizinisches Wissen erforderlich. Einschränkend sei hier auch gesagt, dass kein Radionikgerätehersteller in Deutschland und ebenso kein Hersteller einer radionischen Software offiziell für sich in Anspruch nehmen darf, er hätte ein funktionierendes Diagnose- oder Behandlungsgerät – insbesondere dann, wenn eine Fernwirkung behauptet wird. Dies gilt auch in Deutschland als Scharlatanerie und ist wie gesagt strafbar. Die offizielle Begründung hierfür ist der Schutz des Patienten. Aus diesem Grunde müssen Sie also vorsichtig sein mit dem, was Sie für andere tun. Für sich selbst allerdings haben Sie freie Hand.

Das Fazit ist also: Sie können mit einem radionisch »aufgerüsteten« PC vieles machen, solange Sie nicht den Anspruch erheben, Sie könnten damit heilen.

Ein Wort sei noch zu der Art von Wirkungen gesagt, die Sie hervorrufen können. Es ist selbstverständlich, dass wir uns selbst und unseren Mitmenschen nur positive Schwingungen zukommen lassen. Dies sollte nicht allein aus ethischen Gründen selbstverständlich sein, sondern auch aus ganz praktischen Selbsterhaltungsgründen. Da Sie der »Sender« sind, würde Sie eine negative Schwingung zuerst selbst treffen. Deshalb sind ja auch unsere religiösen Lehren voll der

Hinweise, wie wir uns richtig und lebensfördernd zu verhalten haben. Diese Verhaltensregeln wurden nicht nur deshalb gegeben, weil sie irgendeinem Sittenkodex entsprachen, sondern weil ein negativer Gedanke oder eine negative Tat uns entweder sofort trifft oder zu einem späteren Zeitpunkt eine entsprechende Rückwirkung auf uns hat: Wie du säst, so sollst du ernten. Dieses Wort gilt zeitlos – auch für die Radionik.

Die Ethik aller Radionik Praktizierenden schreibt vor, dass niemand ohne sein Wissen behandelt werden darf. Auch wenn Sie die besten Absichten haben sollten, müssen Sie sich vorher die Erlaubnis des zu Behandelnden einholen. Noch einmal sei darauf hingewiesen, dass Ihnen diese Behandlung ohne berufliche Qualifikation bei uns ohnehin nicht erlaubt ist. Hier haben wir die gleiche rechtliche Situation wie in den USA.

Wenn Sie einmal gelernt haben, Ihren eigenen Computer zu einem therapeutischen Gerät umzufunktionieren, vor allem also zur Selbsttherapie und zur Neutralisierung negativer Einflüsse Ihres PCs, könnten Sie sogar darangehen, das Netzwerk, mit dem Sie vielleicht verbunden sind, positiv zu beeinflussen. Ein globales Network, mit dem sich immer mehr Menschen mit ihrem Modem hineinwählen, ist das Internet. Sie ahnen, worauf ich hinauswill? Sie dürfen mit großer Wahrscheinlichkeit davon ausgehen, dass Radionik bereits jetzt schon massiv dafür eingesetzt wird, über das Internet bestimmte Bewusstseinseinflüsse zu verbreiten. An Ihnen liegt es, ob Sie das passiv hinnehmen wollen oder ob Sie sich schützen, ob Sie radionischer Empfänger oder Sender (nicht im Sinne einer medizinischen Behandlung) sein wollen. Bei genügender Übung und Talent kann man radionische, lebensfördende Impulse in das Netz eingeben und global positiv wirken. Sollten diese Hinweise an Personen gelangen, die andersartige Impulse verbreiten möchten, warnen Sie diese bitte: Der Schaden, den sie sich selbst mit Radionik zufügen können, ist gewaltig. Die Natur verzeiht nichts.

Haben Sie keine globalen Ambitionen, sollten Sie sich wenigstens vor radionischen Angriffen und Manipulationen über das Netz schützen. Hierzu kann man entweder ein Radionikprogramm verwenden, das permanent während der Computerarbeit läuft, oder Sie laden sich zum Beispiel einen Metallstreifen mit entsprechenden Raten radionisch auf und befestigen ihn am Computer bzw. den Zuleitungskabeln.

Wir werden heute in einer dermaßen gewaltigen Intensität mit elektromagnetischen Schwingungen und Skalaren aller Art bombardiert, dass ein radionisches Gerät zu Hause, unabhängig vom Computer, eine große Hilfe für unser Wohlbefinden sein kann. Unsere Atmosphäre ist gesättigt mit Schwingungen von Handy-Relaisstationen, den Mikrowellengeräten unserer Nachbarn, den Abstrahlungen von elektrischen Leitungen, Mobilfunk aller Art, Flughafen-Navigationssystemen und den Strahlungen der Militärs, die mit mächtigen Richtsendern und Sendeleistungen arbeiten. Dies beeinflusst Ihren Zellstoffwechsel, Ihre Nerventätigkeit und summa summarum Ihren Schlaf und Ihr Wohlbefinden. Da Sie die diversen Sender nicht beseitigen können, haben Sie durch die Radionik zumindest Möglichkeiten, sich dagegen zu schützen.

Noch einmal zur Erinnerung: Offiziell haben alle erhältlichen Radionikgeräte keinen nachweisbaren Nutzen. Das Ausprobieren kann Ihnen aber niemand verbieten – und Sie werden überrascht sein, welchen ungeheuren Nutzen Sie daraus ziehen können.

Numerologie – Zauber mit Zahlen

Zahlen sind einfach Zahlen, und Zahlen benutzt man zum Zählen. Richtig? Nun, früher bedeuteten den Menschen Zahlen aber weitaus mehr. Zahlen waren den Menschen des Altertums Mächte, die das gesamte Universum durchdringen. Unser heutiger Gebrauch der Zahlen ist rein quantitativ. Wir verwenden sie, um die Höhe unseres Gehalts oder des Bankkontos anzugeben, um die Geschwindigkeit beim Autofahren zu messen, um die Wochentage oder Monate zu bestimmen oder die Kekse in unserer Keksdose zu zählen. Wir zählen eine Menge gleichartiger Dinge mithilfe von Zahlen ab. Wollten wir aber die Natur der Dinge beschreiben, einem anderen Menschen erklären, was Geld eigentlich ist oder ein Auto, ein Monat, ein Jahr, dann benutzen wir Worte unserer Muttersprache. Die Zahlen beschreiben die Quantität, die Sprache die Qualität.

Falls Sie schon die Kapitel über Tarot oder Radionik gelesen haben oder sich schon vorher mit diesen Wissensgebieten beschäftigt hatten, dann wissen Sie aber, dass Zahlen weit mehr sind als »Abzählwerkzeuge«. In der Kabbala, manchmal auch als Zahlenmystik bezeichnet, wird jedem Buchstaben, jedem Wort eine Zahl zugeordnet. Man kann mithilfe der Kabbala jeden Sachverhalt entweder in Buchstaben oder in Zahlen ausdrücken. Mit den Buchstaben und Zahlen erstellt die Kabbala ein Modell des Universums, aller Kräfte, Bewusstseinsschichten und Seinszonen. Gleichzeitig liefert sie eine Landkarte, um zunehmend mehr Bewusstseinsschichten des Menschen durch praktische Übungen zu erschließen.

Die Koppelung von Buchstaben und Zahlen wird oft nur in Zusammenhang mit dem hebräischen Alphabet gesehen, aber dies ist nicht richtig. In allen alten Hochkulturen wurde eine Entsprechung von Buchstaben und Zahlen angenommen. Außer dem Hebräischen sind heute zum Beispiel die Zuordnungen des griechischen, des arabischen und des Sanskrit-Alphabets bekannt. Unglücklicherweise sind in der Numerologie die Zahlenzuordnungen zu den Buchstaben des jeweiligen Alphabets in all diesen Kulturen etwas unterschiedlich.

Auch in der Radionik geht man davon aus, dass alles im Universum, jeder Gegenstand, jede Schwingung, jedes Energiefeld, jeder Planet, jede menschliche Eigenschaft, durch Ziffernfolgen, also Zahlen, dargestellt werden kann – getreu der alten Tradition der Pythagoreer. Diese Zahlen repräsentieren sozusagen das Schwingungsmuster der Energie oder des Gegenstandes. Doch was soll denn dieses Schwingungsmuster sein? Sind es Frequenzen bekannter Energieformen, und wenn ja, um welchen Energie handelt es sich?

Ein Ausflug zu Schwingungsmustern und Wellen

Die meisten Physiker oder Techniker, die mir bekannt sind, haben ein großes Problem, Dinge anzuerkennen, die noch nicht fester Bestandteil irgendeiner physikalischen Theorie sind. Die Energien, die man heute zumindest ansatzweise verstanden hat, kann man messen, und wenn es sich um eine Schwingungsenergie handelt, kann man mithilfe der Frequenz und der Amplitude angeben, wie schnell und wie stark eine Schwingung ist. Theoretisch ist den Physikern schon seit Anfang des 20. Jahrhunderts bekannt, dass auf der atomaren und subatomaren Ebene die Quantenphysik anzuwenden ist und gar nicht mehr klar definiert werden kann, ob es sich um »feste« Teilchen oder Wellen bzw. Schwingungsgebilde handelt. Letztlich reduziert sich auch in der Physik alles auf Schwingungen und Energiezustände, und das Erscheinungsbild einer festen Materie ist schließlich ein Trugbild, das unsere Sinne erzeugen.

Die offizielle Physik kennt heute eine bestimmte Anzahl von Wellen, Strahlungen und schwingenden Feldern, zum Beispiel ektromagnetische Felder, Wasserwellen, Schallwellen, sie kennt starke und schwache Wechselwirkungen in Molekülen und Atomen, sie kennt radioaktive Strahlung usw. Sie hat aber keinerlei Möglichkeit, die Energiefelder von Menschen oder Pflanzen in ihrer Gesamtheit zu beschreiben. Wie unterscheidet sich zum Beispiel ein wütender Mensch von einem heiteren? So etwas kann die Radionik! Nicht wenige Physiker wissen übrigens, dass sie nur einen winzigen Bruchteil der existierenden Welt beschreiben können. Es besteht, wie gesagt, kein Grund anzunehmen, dass das Universum lediglich von elektromagnetischen Wellen und Gravitationsfeldern durchdrungen ist, nur weil wir diese verstanden haben. (Apropos Gravitation: Diese ist ein ausgesprochen faszinierendes Phänomen, das wir gerade erst zu verstehen beginnen. Interessantes hierzu finden Sie im Kapitel »Die fünfte Dimension«.)

Kehren wir zu den Zahlen zurück. Da wir uns schon mit Kabbala und Radionik beschäftigt haben, ist es nicht notwendig, an dieser Stelle weiter ins Detail zu gehen. Aber was genau tut die Numerologie, wenn sie doch auch mit Zahlen arbeitet, die ihrerseits Energien und Schwingungsmustern zugeordnet sind? Und wie kann uns hier wiederum der PC helfen?

Numerologische Ansichten

Die Numerologie der heutigen Prägung ist angeblich durch die Amerikanerin L. Dow Balliett zum Ende des 19. Jahrhunderts geprägt worden. Wenn man aber, wie es mir einmal in einem indischen Restaurant in Deutschland passiert ist, einen Inder trifft, der einem »mal schnell« das Geburtsdatum analysieren und daraus Prognosen ableiten will, dann wird man sich dessen bewusst, dass die Numerologie in anderen Kulturen schon immer eine große Rolle gespielt hat.

Was genau ist Numerologie? Sie beruht auf dem alten Wissen, dass jeder Mensch aufgrund seines Geburtsdatums und seines Namens unter dem Einfluss einer oder mehrerer Zahlen steht. Diese Zahlen bestimmen oder beschreiben seinen Charakter, sein Schicksal, seine Stärken und Schwächen, seinen wahrscheinlichen Beruf, Erfolge und Schwierigkeiten im Leben und vieles mehr. Um die korrekten und damit aussagekräftigen Zahlen zu erhalten, wird der vollständige Name der Person nach bestimmten Regeln in Zahlen umgewandelt, und die Zahlen des Geburtsdatums werden aufsummiert. Durch Quersummenbildung (Erläuterung später in diesem Kapitel) werden größere Zahlen auf einfache Zahlen, kleiner als zehn, reduziert.

Kennt man seine eigenen Zahlen, lernt man sich also besser kennen. Analysiert man die Zahlen anderer Menschen oder Situationen, versteht man besser, wieso es sich mit einigen Menschen gut auskommen lässt, mit anderen aber nicht. Man versteht auch, warum manche Projekte im Leben einfach keinen Erfolg haben, andere aber wie von selbst und erfolgreich laufen. Besitzt man ein Computerprogramm, lässt sich in Blitzzeit Datums- und Namensanalyse von Personen oder Ereignissen durchführen – Analysen, die man aufgrund des Zeitaufwands sonst einfach nicht machen würde. Außerdem: Sollten Sie Ihr Schicksal ändern wollen – und Numerologen sagen, dass dies funktioniert –, dann ist der Computer eine unschätzbare Hilfe. Doch dazu später mehr.

Unter den Numerologen gibt es einige sehr eigene Leute. Manche von ihnen sind der Ansicht, jeder Mensch sei genau durch eine einzige Zahl, eine einzelne Ziffer beschreibbar. Ja, sie teilen alle Menschen in neun Gruppen ein, ordnen jeder Gruppe bestimmte Charakterzüge zu und behaupten, eine Eins passe zu einer Fünf, aber nicht zu einer Vier (oder war das andersherum?) – und an bestimmten Tagen des Monats, die nicht mit der eigenen persönlichen Zahl harmonieren, sollte man lieber gar nichts unternehmen. Meines Erachtens schießen solche Leute gewaltig über das Ziel hinaus!

Bücher, die sich mit dem Enneagramm beschäftigen, einer angeblich bislang geheimen Methode, fallen in diese Kategorie. Solche Art Numerologie ist nicht viel besser als die Illustriertenastrologie, in der bekanntlich alle Menschen in zwölf Klassen eingeteilt werden, nämlich die zwölf Tierkreiszeichen. Was wäre die Menschheit arm, wenn die Astrologie und auch die Numerologie nicht mehr zu bieten hätten. Trotzdem schwören heute viele Menschen auf die Numerologie. Wie ist das zu erklären?

Heilige Zahlen und die verflixte Sieben

Numerologen vertreten die Ansicht, dass Zahlen etwas Mystisches sind, dass sie Kräfte besitzen und dass sie vielleicht sogar unser Leben bestimmen. Die Schuld für das Entstehen dieser nur zum Teil richtigen Ansichten über den bestimmenden Einfluss der Zahlen ist aber nicht bei den Zahlen zu suchen, sondern dies hat etwas mit unserem Verständnis der Zahlen zu tun. Zahlen sind faszinierend. Immer wieder haben Menschen aller Kulturen entdeckt, dass bestimmte Zahlen sich häufen, in verschiedenen Zusammenhängen wiederholt auftauchen und ihnen offensichtlich eine Bedeutung zukommt, die über den reinen Zählvorgang hinausgeht.

Vielfach haben sich solche Zahlen auch in diversen Aberglauben manifestiert, dass zum Beispiel die Zahl Dreizehn immer etwas Schlechtes zu bedeuten habe, sodass Sie in den meisten Hotels die Zimmernummer Dreizehn vergeblich suchen werden. Ich will Ihnen aber gern verraten, dass ich an Tagen mit der Dreizehn als Datum oft sehr erfolgreiche Erlebnisse habe. Auch die Zahl Sieben kommt, jetzt allerdings von den Menschen so hineinkonstruiert, in den Mysterien aller Kulturen vielfältig vor, etwa im siebenarmigen Leuchter der Juden oder in den sieben Chakren (Energiezentren) der Inder. So gelten manche Zahlen als heilig, manche als unglückselig. Die Sieben ist ein wunderbares Beispiel für die Kulturabhängigkeit der Zahleninterpretation. Für die einen ist es eine »verflixte« Sieben oder das verflixte siebte Jahr, für die anderen ist die Sieben heilig, wie bei Juden und Hindus. Den Chinesen hingegen ist die Neun die heiligste Zahl, den Christen die Drei (Dreieinigkeit).

Die Sieben hat durchaus einen Einfluss, aber sie »macht« nur deshalb Probleme, weil wir heutzutage das Wissen um die Rhythmen, in diesem Falle den Siebenerrhythmus, verloren haben. Im Laufe eines menschlichen Lebens lassen sich bestimmte Wiederholungen von ähnlichen Ereignissen zum Beispiel alle sieben Jahre oder alle elf Jahre beobachten, deshalb tritt auch so manche Ehekrise nach sieben Jahren ein. Solche Rhythmen hängen in der Regel mit den Perioden der Planetenumläufe zusammen. Der Saturn benötigt etwa 28 Jahre, um wieder genau denselben Punkt am Sternenhimmel zu erreichen. Wenn ein Mensch also das 28. Lebensjahr erreicht, hat Saturn wieder die ursprüngliche Position wie in seinem Geburtshoroskop eingenommen. In diesem Alter findet oft eine entscheidende Wende im Leben statt, eine Heirat, ein Umzug, oder ein Berufswechsel oder -antritt.

Der Saturnumlauf kann in vier Perioden zu jeweils sieben Jahren eingeteilt werden. Zu diesen Zeitpunkten steht der Saturn im Quadrat* zu seiner Geburtsposition im Horoskop. Auch dieses findet parallel zu wichtigen Ereignissen statt. Außerdem haben die Monddirektionen** mit der Zahl Sieben zu tun. Kurz gesagt: Siebenerperioden sind im Leben etwas ganz Normales. Beim Wechsel von einer Periode zur nächsten kann es kriseln, das Lebensboot schaukelt etwas. Ist die Sieben deshalb eine schlechte Zahl?

Eine Zahl ist weder gut noch schlecht. Sollte die numerologische Analyse Ihres Namens oder Ihres Geburtsdatums –

---

* Fachbegriff der Astrologie, der einen Winkelabstand von 90 Grad bezeichnet.
** Fachbegriff der Astrologie, der eine Rechenmethode beschreibt, um Tage nach der Geburt mit Lebensjahren zu assoziieren.

hier kommt der Computer ins Spiel – ergeben, dass Sie unter dem Einfluss einer »unglücklichen« Zahl stehen, dann glauben Sie dies nicht. Die Zahl hat aber durchaus ihre Bedeutung. Auch in der Astrologie gibt es einige Interpreten mit Halbwissen, die bestimmten Aspekten unglücksvolle Eigenschaften andichten. Es gibt kein schlechtes Horoskop. Es gibt nur ein Schicksal und Lebensaufgaben, für den einen leichter, für den anderen schwerer, aber für jeden das, was er braucht und wodurch er sich ihm gemäß in seinem Tempo weiterentwickeln kann.

Genauso verhält es sich mit der Numerologie: Unterschiedliche Charaktere, die durch verschiedene Zahlen symbolisiert werden können, sind nicht besser oder schlechter als andere, denen eine andere Nummer zugeordnet ist. Lassen Sie sich also nicht durch Bücher oder Computerprogramme erschrecken, die Ihnen ein »schwieriges« Los zuteilen wollen. Allein die Tatsache, dass Sie sich mit den Themen dieses Buches beschäftigen, zeigt an, dass Sie auf einer Stufe stehen, die es Ihnen schrittweise ermöglichen wird, sich aus vergangenem Schicksal oder Karma herauszuarbeiten und Ihr Leben noch viel bewusster als bisher selbst in die Hand zu nehmen.

Naturgegebene Zahlen

Können wir den Zahlen, denen wir unterliegen, entfliehen, oder sind wir eventuell Opfer bestimmter Zahlen? Die Numerologen behaupten, dass unsere Namensschwingung, zu einer Zahl umgewandelt, und auch unser Geburtsdatum einen entscheidenden Einfluss haben. Wenn das so ist, sind dies feststehende Größen, oder haben wir die Möglichkeit, ändernd einzugreifen? Um den weiteren Ausführungen vorwegzugreifen: Wir haben durchaus diese Möglichkeit, aber sie will gut überlegt sein. Der Computer ist hier eine ausgesprochen wertvolle Hilfe.

Einige Zahlen sind einfach naturgegeben, wie die sieben Töne unserer Tonleiter (was wäre aber mit der Pentatonik mit ihren fünf Tönen?), die sieben Gruppen des Periodensystems der Elemente und der Mondumlauf von 28 Tagen, die vier Haupt-Mondphasen – die Mondviertel – und die daraus resultierende Wocheneinteilung in sieben Tage. Eventuell hat man aber auch die sieben Tage eingeführt, weil sie eine Entsprechung der damals bekannten sieben Planeten (inklusive Sonne und Mond) sein sollten. Die Namen der Wochentage spiegeln ja noch heute die Namen der Planeten oder auch der ihnen zugeordneten Gottheiten wider. Zum Teil wird dies erst deutlich, wenn wir die englischen oder französischen Namen für die Wochentage hinzunehmen, teilweise müssen wir die germanischen Götter bemühen: Sonne (Sonntag, *Sunday*), Mond (Montag, *Monday*); Mars (Dienstag, *Mardi*), Merkur (Mittwoch, *Mercredi*), Jupiter (Donnerstag, Thors Tag, *Jeudi*), Venus (Freitag, Freyjas Tag, *Vendredi*), Saturn (Sonnabend, *Saturday*). Da wir heute drei Planeten mehr kennen, nämlich Uranus, Neptun und Pluto, müssten wir demnach eigentlich die Zehntagewoche einführen. Ein elfter Planet scheint in Sicht, und schon wieder passt die Woche nicht mehr …

Ein anderes Beispiel für naturgegebene Rhythmen und Zahlen sind unser Herzschlag und unsere Atmung. Die durchschnittliche Anzahl Atemzüge eines Menschen liegt bei etwa 18 in der Minute. Die Quersumme davon ist 9. Die durchschnittliche Anzahl von Herzschlägen pro Minute beträgt 72. Die Quersumme ist wiederum 9. Die Quersumme wird durch Aufsummierung aller Ziffern einer Zahl gebildet und stellt eine Standardmethode der Numerologie dar, um komplexe Zahlen auf einfache zurückzuführen. Wir werden diese Methode weiter unten noch anwenden.

Kritiker der Numerologie führen hier an, dass sich viele Zahlen in verschiedensten Zusammenhängen wiederholen und dass das Herausgreifen einer bestimmten Zahl als »naturgegeben« völlig willkürlich sei. Als Beispiel nehmen sie den menschlichen Körper, der von verschiedensten Traditionen der Vergangenheit als Anschauungsmaterial für die Bedeutung und kosmischen Zusammenhänge der Zahlen benutzt wurde. Während die eine Tradition sagt, die Drei wäre am bedeutsamsten, weil der Mensch dreigeteilt ist in Kopf, Rumpf und Gliedmaßen oder in Körper, Seele, Geist, sagt die andere, die Vier wäre wichtig, weil der Mensch vier Gliedmaßen besäße und vier Sinnesorgane (ohne die Haut).

Wieder andere bevorzugen die Fünf, weil wir fünf Finger und fünf Zehen besitzen und der Rumpf fünf Fortsätze hat, nämlich Kopf, Arme und Beine. Andere wiederum sagen, die Sechs oder Sieben wäre die wichtigste Zahl, weil wir ebenso viele Chakren (Energiezentren) haben. Die Kritiker fassen dies unter dem Gesetz der kleinen Zahl zusammen und meinen damit, die kleinen Zahlen (kleiner als zehn) kämen so häufig vor, dass scheinbar Korrelationen existieren, die objektiv gesehen aber nicht vorhanden seien. Es hinge also nur davon ab, auf welchen Zusammenhang und welche Zahl wir unser Augenmerk richten, um daraus eine numerologische Theorie zu entwickeln. Numerologen widersprechen dem natürlich heftigst.

Was die Kritiker aber nicht sehen, da sie gar keine Vorstellung vom »Energiegehalt« einer Zahl haben und auch kein Gefühl dafür entwickeln wollen, ist die numerologische Annahme, dass eine Zahl ein Symbol darstellt, ein Symbol für Schwingung und Energie. Wenn in Ihrem Leben eine Drei wichtig wäre und ebenso bei mir, heißt das ja nicht, dass wir als zwei Personen in irgendeinem direkten Zusammenhang stehen. Es bedeutet aber, dass wir es mit gleichen oder ähnlichen Energien zu tun haben.

Wiederholungszahlen

Vielleicht haben Sie schon festgestellt, dass Sie immer wieder einer bestimmten Zahl in Ihrem Leben oder einer bestimmten Lebensperiode begegnen, zum Beispiel in Ihrer Hausnummer, Ihrer Telefonnummer, der Postleitzahl oder im Datum für Sie wichtiger Ereignisse, sodass der Eindruck entstehen kann, mit dieser einen Zahl habe es etwas Besonderes auf sich. Der Eindruck ist meistens richtig, und eine solche Zahl steht dann in besonderem Zusammenhang mit Ihrer Persönlichkeit und Ihrem Leben. Die Zahl an sich ist aber nichts Mystisches, sondern eher das Schwingungsgebilde oder Energiepaket in Ihrem Leben, für das die Zahl symbolisch steht. Wir haben heute noch keine andere Beschreibungsmöglichkeit, da die Energie der Zahl wahrscheinlich mit anderen Dimensionen in Zusammenhang steht als den uns bekannten drei bzw. vier, wenn wir die Zeit mit hinzunehmen. Diese Zusammenhänge, die Menschen häufig beobachten, sind uns meistens unerklärlich und gelten deshalb als mystisch. Wie immer wird auch hier ein Naturgesetz dahinterstehen, nur kennen wir es eben noch nicht.

Die Mächte oder Kräfte, die den Zahlen zugeschrieben werden, liegen also nicht in den Zahlen selbst. Diese repräsentieren nur Energien. Sie sind unsere Symbole für solche Energien, genauso wie die Buchstaben des Alphabets, die germanischen Runen oder die Tarotkarten. Wenn wir immer wieder der gleichen Zahl begegnen, haben wir es auch immer wieder mit der gleichen Kraft oder Energie zu tun. Die Zahl ist lediglich ihr Symbol.

Numerologische Methoden sind einfach

Beim Studieren der heute erhältlichen Numerologiebücher werden Sie, wie gesagt, feststellen, dass das veröffentlichte Wissen weit weniger zu bieten hat als die Astrologie. Damit sage ich nicht, dass die Numerologie keinen Wert hätte, ganz im Gegenteil. Sonst hätte ich ihr auch kein Kapitel gewidmet. Spätestens seit den Pythagoreern wissen wir, dass Geheimorden existierten, in denen wertvolles numerologisches und kabbalistisches Wissen überliefert wird. Aber was sollte diese geheimen Orden veranlassen, ihr numerologisches Wissen auf den Markt zu »werfen«, so wie das ja in vielen esoterischen Disziplinen heute geschieht?

Womit wir uns also zufrieden geben müssen, sind einfache Operationen mit Namen und Geburtsdaten, die durch Quersummenbildung zu kleineren Zahlen reduziert werden. Aber selbst mit diesen einfachen Methoden, die andere vielleicht als Zahlenspielerei abtun, können Sie entscheidend in Ihr Leben eingreifen; doch dazu später mehr. Wenden Sie diese Methoden auf sich selbst an, können Sie den Zahlen entnehmen, was für ein Mensch Sie sind, welche Stärken und Schwächen Sie haben, welche Tage für Sie günstig sind usw. Es handelt sich also letztlich um ein Wissen, das auch die Astrologie bietet. Nur sind die numerologischen Methoden einfacher. Und hier haben wir die Hauptattraktion der Numerologie: Jeder kann die Methoden in wenigen Minuten anwenden, während die Erstellung und Deutung eines Horoskops beträchtliche Zeit in Anspruch nimmt, auch mithilfe eines Computers, denn nicht immer können Sie fertige Deutungen übernehmen.

Die einfachen Berechnungen anhand der numerologischen Methoden sind verständlicherweise auch Computerprogrammen zugänglich, und so kommt es, dass Sie ausgesprochen viele kleine Programme zur Numerologie aus dem Internet herunterladen oder sich sonst als Freeware beschaffen können. Im Wesentlichen müssen bei einer Namensanalyse die Ziffernzuordnungen zu den Buchstaben mit nachfolgender Quersummenbildung erfolgen. Wie das funktioniert, verrate ich Ihnen gleich. Wer dann noch mehr darüber wissen möchte, sollte sich eventuell ein Buch für numerologische Berechnungen zulegen. Aber Sie werden sehen, das Prinzip ist einfach.

Welches Numerologiesystem?

Es gibt verschiedene numerologische Systeme, die den Buchstaben jeweils verschiedene Zahlen zuordnen. Welches System ist das richtige? Die meisten Numerologen empfehlen das überlieferte chaldäische System, das auch in der hebräischen Kabbala verwendet wird, und verwerfen alle anderen. Hier ist es:

A B C D E F G H	I J K L M N O P	Q R S T U V W X Y Z
1 2 3 4 5 8 3 5	11 2 3 4 5 7 8	1 2 3 4 6 6 6 6 1 7

Sie werden feststellen, dass die Zahl Neun fehlt. Die Buchstaben mit der Zahl Neun haben in unserem Alphabet keine Entsprechung, denn für den Buchstaben »T« wird statt des hebräischen Theth mit dem Zahlenwert 9 der Buchstabe Thau mit dem Wert 4 verwendet. Die Neun ist auch insofern uninteressant, als sie bei Quersummenbildung eine Zahl nicht verändert. Um eine Quersumme zu erzeugen, zählen Sie, wie schon weiter oben erwähnt, einfach alle Ziffern einer Zahl zusammen. Diese Methode werden Sie in der Numerologie immer wieder benötigen. Man ist der Meinung, dass in der Quersumme sozusagen die Essenz einer Zahl zu finden sei. Nehmen Sie also irgendeine Zahl und bilden Sie die Quersumme. Dann zählen Sie 9 hinzu und bilden wieder die Quersumme: Das Ergebnis ist das gleiche wie vorher. Beispiel: 15, Quersumme 6. Jetzt zählen Sie 9 hinzu: 15 + 9 = 24, Quersumme 6. Die Quersumme hat sich also durch die Addition von 9 nicht verändert. Trotzdem werden aber der Neun Bedeutungen zugeschrieben, wenn sie sich bei einer numerologischen Methode als Ergebnis einer Namens- oder Datumsanalyse ergibt.

Statt eine Quersumme zu bilden, können Sie auch eine Division durch 9 durchführen. Der nicht teilbare Rest ist identisch mit der Quersumme. Dies gefällt mathematisch orientierten Menschen meist besser, da für sie eine Quersumme ohne Bedeutung ist. Nehmen wir die 15 des obigen Beispiels und teilen sie durch 9, erhalten wir den Rest 6. Dies war auch das Ergebnis der Quersummenbildung.

Das ursprüngliche kabbalistische System der Hebräer ist

aus der Tabelle im Kapitel »Ihr PC kann sprechen« (Abb. 22) ersichtlich. Sie können sehen, dass darin durchaus eine Neun enthalten ist, sie entspricht dem Buchstaben Thet und dem Laut *th*. Da dieser Laut so nicht im Englischen enthalten ist (das englische *th* wird anders ausgesprochen), hat man die Neun einfach weggelassen. Offensichtlich hatte Agrippa von Nettesheim in Bezug auf die damalige deutsche Sprache genauso gedacht. Agrippa war ein berühmter Okkultist des 16. Jahrhunderts, und er wird oft im Zusammenhang mit der Kabbala und Numerologie erwähnt. Gehen wir also davon aus, dass ein solches Verfahren korrekt ist.

Die Deutungen, die Sie für jede einzelne Zahl finden, unterscheiden sich von Autor zu Autor. Auch gehen die Meinungen auseinander, ob und wie zweistellige Zahlen zu bewerten seien. Linda Goodman beschreibt in ihrem Buch *Das neue Handbuch der Esoterik** die zweistelligen Zahlen als karmische Zahlen, die das Schicksal des Menschen widerspiegeln, die einstelligen würden ihn so charakterisieren, wie ihn andere sehen, also seine Persönlichkeit, ähnlich dem Aszendenten in der Astrologie. Andere Autoren bezeichnen die zweistelligen als Zahlen der Seele, als geistig-spirituelle Zahlen, während die einstelligen konkretere Bedeutungen im materiellen Leben hätten. Beide Interpretationsarten widersprechen sich nicht und ergänzen sich sogar.

---

* Linda Goodman: *Das neue Handbuch der Esoterik*, Zürich 1987.

Numerologische Analyse
des eigenen Namens

Der Computer kann Ihnen hervorragend bei der Namens-
und Datumsanalyse helfen. Wie analysieren wir unseren eigenen oder sonst irgendeinen Namen gemäß den oben angegebenen Zuordnungen? Gehen wir den Vorgang erst einmal
ohne Computer durch, um das Prinzip zu verdeutlichen.

Sie schreiben unter den Namenszug die entsprechenden
Ziffern, wie oben angegeben, bilden dann für den Vornamen
und den Familiennamen die entsprechende Summe und
Quersumme, zählen beide Quersummen zusammen und erhalten wieder eine Zahl. Es ist ausgesprochen einfach, und
ich führe es Ihnen anhand meines Namens vor:

$$\begin{array}{ccccccccc} F & R & A & N & K & S & U & N & N \\ 8 & 2 & 1 & 5 & 2 & 3 & 6 & 5 & 5 \end{array}$$

Quersumme 1:	18	19
Quersumme 2:	9	10

Zweistellige Namenszahl: $9 + 10 = 19$
Einstellige Namenszahl: $1 + 9 = 10, 1 + 0 = 1$

Man hätte in diesem Beispiel auch die zweistellige 10 in
der zweiten Quersumme sofort durch Quersummenbildung
auf die 1 reduzieren können, sodass in der endgültigen Analyse die 19 gar nicht aufgetaucht wäre. Bei der Interpretation
ist es in diesem Fall also sicherer, die 1, 10 und 19 zu interpretieren.

Die Zahl Eins bezieht sich auf die Persönlichkeit und wird folgendermaßen gedeutet: Es handelt sich um eine Führungspersönlichkeit, gekennzeichnet durch Selbstbeherrschung und Unabhängigkeit. Dieser Mensch legt weniger Wert auf Freundschaft und Zusammenarbeit, er ist eher ein Einzelkämpfer. Manchmal neigt er dazu, sich selbst an die erste Stelle zu setzen. Sein Charakter ist aufrichtig und ehrlich. Die Eins steht außerdem für Kreativität, Schutz und Wohlwollen. Sie ist die Zahl des schöpferischen Handelns. Ihr astrologisches Pendant ist die Sonne.

Die Zahl Neunzehn bedeutet Glück und Erfüllung, Sieg über zeitweilige Fehlschläge und Enttäuschungen. Sie ist eine der günstigsten Zahlen überhaupt.

Die Zahl Zehn bedeutet das Machtpotenzial, Imaginiertes auch in die Realität umsetzen zu können. Ist diese Fähigkeit nicht mit Weisheit und Mitgefühl gepaart, besteht die Gefahr selbstbezogenen Handelns mit entsprechend negativen Konsequenzen.

Die Bedeutung der Zahlen

Die Herkunft der Deutung zweistelliger Zahlen ist nicht ganz klar. Autoren wie Linda Goodman und andere beziehen die Deutung der zweistelligen Zahlen aus den Tarotkarten. Da der Tarot aber nur 78 Karten besitzt, könnte sich hier ein Problem ergeben. Sie löst es dadurch, dass sie größere Zahlen in ihrer Bedeutung kleineren gleichsetzt, deren Sinn in der Numerologie allgemein akzeptiert ist. Offensichtlich betreten wir mit den zweistelligen Zahlen ein numerologisches Wissensgebiet, das nicht ganz gesichert ist. Zumindest ist es aber heute der Öffentlichkeit nicht zugänglich. Das Gleiche gilt erst recht für drei- und mehrstellige Zahlen, die sicherlich nicht nur dadurch ihre Bedeutung kundtun, dass man sie auf einstellige reduziert.

Unabhängig von den veröffentlichten Bedeutungen der Zahlen hilft es sehr, sich seine eigenen Gedanken zu machen und bei einer Analyse auch seinem Gefühl zu folgen. Dies macht Ihnen auch eher verständlich, wie Computerprogramme zu ihren Deutungen kommen.

Unternehmen wir doch einmal den Versuch, Zahlen zu »erfühlen«: Die Eins ist etwas einzeln Stehendes, und wenn wir nur die ganzen Zahlen betrachten, etwas Unteilbares. Sie ist nichtpolar und genügt sich selbst. Die Eins kann auch als Gesamtheit des Universums oder als Gott verstanden werden, also als universale oder göttliche Einheit. In dieser Eigenschaft umfasst sie alles, außer ihr gibt es nichts anderes. Im Kleinen bemerken wir, dass wir ohne die Eins, zumindest beim Zählen, nicht von einer Zahl zur nächsten kommen. Die Eins ist der Grundbaustein, ohne den nichts funktioniert, deshalb ist die Eins auch in allen Dingen des Universums enthalten. Geometrisch dargestellt ist sie ein Punkt oder ein Kreis. Übrigens galt die Eins den Pythagoreern nicht als Zahl, sondern als der Uranfang schlechthin.

Ein Kreis ist eine vollkommene geometrische Figur und drückt als Symbol für die Eins auch Vollkommenheit aus. Ein Punkt hingegen ist ein Nichts, denn selbst ein noch so kleiner sichtbarer Punkt wird – nehmen Sie eine Lupe – immer ein kleiner Fleck oder Kreis bleiben. Also eigentlich ist der Punkt abstrakt und gar nicht vorhanden. Er stellt die Verbindung zum Transzendenten oder zur nicht sichtbaren Dimension unseres Universums dar, zu den Ätherwelten, wie ein Anthroposoph es vielleicht formulieren würde, aus denen heraus unsere sichtbare Welt entsteht. Hier haben wir die Verbindung von der Eins zur Null. Die Null ist nichts und doch zugleich alles – und für den Menschen schwer begreifbar. Hier finden wir auch Parallelen zu meditativen Übungen. Im tibetischen Buddhismus gilt es, Shunyata zu erfahren. Die Übersetzung von »Shunyata« ist entweder »Leerheit« oder »Fülle«, Leerheit im Materiellen, Fülle in der eigentlichen Erkenntnis des Potenzials dieser Leerheit. Hier haben wir es mit subjektiven Erfahrungen von objektiven Gegebenheiten höherer Dimensionen zu tun. Dies klingt zugegebenermaßen sehr abstrakt, aber diese Aussagen sind durchaus erfahrbar, allerdings nur sehr schwer in Worten wiederzugeben.

Bei der praktischen numerologischen Deutung – eines Namens zum Beispiel – helfen Stichwörter, um sich anfänglich in den gängigen Interpretationen zurechtzufinden. Stichwörter für die Interpretation sind:

- Eins: Einheit, Urgrund, Unabhängigkeit, Wille, Selbstbeherrschung, Selbstbezogenheit, Macht, Erkenntnis, Weisheit.
- Zwei: Polarität, Dualität, Ausgleich, Passivität, Weiblichkeit, Entzweiung, Verbindungen, Gegensätze.
- Drei: Fruchtbarkeit, Schöpfung, Synthese, Kreativität, Vielseitigkeit, Erkenntnis in höchster Form.
- Vier: Stabilität, Geduld, Schwerfälligkeit, Ordnung, Gerechtigkeit, Gesetz, Realisation.
- Fünf: Sexualität, Rastlosigkeit, Magie, Lebendigkeit, Kraft.
- Sechs: Liebe, Harmonie, Vollkommenheit, Ehrlichkeit, Selbstzufriedenheit.
- Sieben: Geheimnis, Introvertiertheit, Weisheit, Intuition, Einsamkeit, Reinheit, Barmherzigkeit, Schönheit.

- Acht: materieller Erfolg, Kampf, Glück, Wissenschaften, Wille, Verstand, Gefühl, Bewusstsein.
- Neun: höchste Vollkommenheit, Leidenschaft, Erfindungsreichtum, geistige Natur, Bewegung, Rhythmus.

Zahlenbedeutungen in geometrischen Figuren

Ich überlasse es Ihnen, weitere Bedeutungen der Zahlen zu erfühlen und in Ihren eigenen Worten auszudrücken. Das Zeichnen entsprechender geometrischer Figuren erweist sich hier als sehr hilfreich, denn darüber finden wir Berührungspunkte mit der Astrologie. Plato und andere waren der Meinung, dass jede Planetenumlaufbahn (Sphäre) um die Sonne einem der regelmäßigen geometrischen Körper zugeordnet werden kann, den so genannten platonischen Körpern. Da jeder Planet auch eine definitive astrologische Bedeutung hat, und andererseits jedem Planeten eine Zahl über seinen ihm zugeordneten platonischen Körper zugeordnet wird, können Sie also, wenn Sie das interessiert, die Numerologie mit der Astrologie verbinden, um auf diese Weise noch mehr über die Bedeutung der Zahlen zu erfahren.

Nach der platonischen Lehre wurde die Venussphäre durch einen Ikosaeder (Zwanzigflächner), die Erdsphäre durch einen Dodekaeder (Zwölfflächner), die Marssphäre durch einen Oktaeder (Achtflächner), die Jupitersphäre durch einen Tetraeder (Vierflächner) und die Saturnsphäre durch einen Hexaeder (Würfel) dargestellt. Diese geometrischen Körper stellte man sich genauer gesagt zwischen den einzelnen Planetensphären vor, der Dodekaeder der Erde liegt also zwischen Erd- und Venusumlaufbahnen. Bringt man die Anzahl

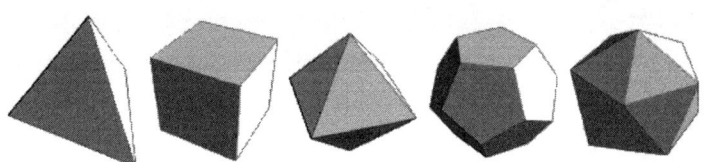

Abb. 21: Die platonischen Körper

der Flächen – und auch der Ecken – in Relation zu den astrologischen Bedeutungen der Planeten, lassen sich Parallelen
zu den oben genannten Bedeutungen der einzelnen Ziffern
Eins bis Neun erkennen. Diese Analyse würde aber an dieser
Stelle etwas zu weit führen.

Einfacher ist die weiter oben begonnene Analyse der Zahlen anhand flacher geometrischer Figuren. Wagen wir noch
einen Versuch?

Nehmen wir die nächste Zahl, die Zwei, und spielen ein
wenig mit Ihrer Symbolik. Sie können die Zwei entweder dadurch symbolisieren, dass Sie zwei Punkte oder kleine Kreise
durch eine Linie verbinden, also eine kleine Strecke zeichnen, oder Sie zeichnen einen schmalen Halbmond, der noch
weiterführende Schlüsse zulässt. Der Halbmond verbindet
zwei auseinander liegende Endpunkte, vereint also Gegensätze und schafft einen Ausgleich. Er ist ein Symbol des
Empfangenden, Weiblichen, Passiven. Meine Leserinnen mögen mir verzeihen, aber genauso wie bei der Erklärung des
chinesischen Yin und Yang werden hier die Begriffe »männ-
lich« und »weiblich« verwendet, um die Gegensatzpaare von
»aktiv« und »passiv« anschaulich zu machen (damit ist also
keinerlei moralische oder sonstige Bewertung verbunden).

Denkt man sich die Verbindung der zwei Endpunkte starr
und unveränderlich, sehen wir eher ein Symbol für Entzwei-

ung, Polarität oder unvereinbare Gegensätze vor uns als ein Sinnbild für einen Ausgleich. Schließlich kann das Zeichen auch eine Balance darstellen, allerdings jederzeit störanfällig, so wie Sie es bei einer Balkenwaage beobachten können. Vergleichen Sie jetzt unsere Symbolanalyse mit den oben aufgezählten Grundbedeutungen der Zahl Zwei, werden Sie feststellen, dass aus dieser geometrischen Analyse alle zuvor vielleicht rätselhaften Bedeutungen der Zahl daraus hervorgegangen sind. Ich möchte Sie ermutigen, auch die anderen Zahlen als Symbolzeichnung darzustellen und über ihre Bedeutung nachzusinnen. Es ist gar nicht so schwer, wie es vielleicht zunächst aussieht, und zudem sehr spannend.

Durch die Visualisation solcher Flächen und Körper und Veranschaulichung ihrer Eigenschaften können Sie ein sehr gutes Gefühl für die Eigenschaften von Zahlen und ihre Zugehörigkeiten zu anderen Zahlen gewinnen. Zum Beispiel hat der Würfel ja nicht nur acht Ecken, sondern auch sechs Flächen und zwölf Kanten. Er baut sich auf dem Quadrat auf, also der Zahl Vier, und ist damit in der Hauptsache eine räumliche Repräsentanz der Vier.

Numerologische Datumsanalyse

Die Datumsanalyse funktioniert nach einem ähnlichen Prinzip wie die Namensanalyse, und auch sie wird von Computerprogrammen durchgeführt. Das Geburtsdatum liefert zusätzlich zum Namen weitere Aufschlüsse über die Persönlichkeit und das Schicksal. Auch hier gibt es mehrere numerologische Methoden. Die gängigste ist die Quersummenbildung über das komplette Datum. Eine einfachere Methode wäre es, nur den Tag des Datums zu verwenden, also im folgenden Beispiel die 14:

Das Geburtsdatum ist der 14. 7. 1968 (die Jahreszahl muss man immer ausschreiben). Durch Quersummenbildung erhalten wir:

$$14 + 7 + 1968 = 21 + 1968 = 21 + 24 = 45 = 9$$

Die zweistellige Geburtszahl ist also 45, die einstellige 9. Würden Sie anders vorgehen und sofort die Quersummen der Einzelbestandteile des Datums bilden, erhielten Sie:

$$14 + 7 + 1968 = 5 + 7 + 24 = 36 = 9$$

oder

$$14 + 7 + 1968 = 5 + 7 + 6 = 18 = 9$$

Diese Methode wird im Allgemeinen nicht verwendet, führt aber zur gleichen einfachen Zahl Neun. Die zweistelligen Zahlen sind in diesem Fall andere als im obigen Beispiel.

Entsprechend den oben genannten Stichwörtern zur Interpretation der Zahlen ist der Mensch mit diesem Geburtsdatum leidenschaftlich, erfindungsreich und hat alle Chancen zur geistigen Vollendung. Seine Schicksalszahl 45 bedeutet, dass seine kreativen Bemühungen Erfolg zeitigen, besonders dann, wenn diese Person ihren eigenen originellen Ideen folgt und sie in die Tat umsetzt. Die 45 ist außerdem eine Zahl des Mutes, der Kraft und der Autorität.

Sollten Sie Ihren Namen ändern?

Wenn Sie sich nun dennoch fragen sollten, was Ihnen denn die ganze Numerologie nützt, gilt hier das Gleiche wie in Bezug auf Astrologie und Tarot. Sie können sich und andere durch die Numerologie besser verstehen und kennen lernen, Ihre Berufs- und Lebensperspektiven besser einschätzen und sogar die Partnerwahl unter neuen Gesichtspunkten sehen. Aber Vorsicht: Ein weiblicher oder männlicher Partner ist nicht deshalb gleich passend oder unpassend, weil eine erste numerologische Analyse dieses zu ergeben scheint!

Wenn Sie jedoch die Numerologie verwenden wollen, um konkret in Ihrem Leben etwas zu verändern, scheinen sich die auffälligsten Wirkungen bei einer Namensänderung zu ergeben. Sollten Sie aufgrund der numerologischen Namensanalyse zu der Auffassung kommen, dass ein anderer Name, der dann auch einer anderen Zahl entspricht, Ihnen insgesamt besser täte und dass dieser geänderte Name Ihr Schicksal begünstigen würde, könnten Sie Ihren Vor- oder Rufnamen modifizieren, vielleicht nur einen Buchstaben hinzufügen oder abändern oder die Initiale eines zweiten Vornamens hinzunehmen (eine offizielle Namensänderung kann man beim Standesamt beantragen, sie wird aber nur bei »triftigen Gründen« gewährt). Sie könnten das zum Beispiel folgendermaßen tun:

Der ursprüngliche Name ist
W I L H E L M   M E I E R
6 1 3 5 5 3 4   4 5 15 2 $= 27 + 17 = 44 = 8$

Die zweistellige Namenszahl ist also 44, die einfache die 8. Folgen wir den gängigen Deutungen, dann bedeutet die Zahl Acht, dass für den Betreffenden materieller Erfolg zählt, den er sich erkämpft. Seine Bestrebungen sind aber auch von einer gehörigen Portion Glück begleitet. Die 44 wird oft mit der Bedeutung der 26 gleichgesetzt (gleiche Quersumme). Diese Zahl wiederum steht für die Eigenschaften Mitgefühl und Selbstlosigkeit und die Fähigkeiten, anderen zu helfen. Der Betreffende ist durch Ratschläge anderer unter Umständen benachteiligt und gerät in Gefahr, unglückliche Partnerschaften einzugehen. Er sollte sich besser nicht auf gemeinsame Unternehmungen geschäftlicher Art mit anderen einlassen. Selbst ist der Mann – oder die Frau – in einem entsprechend abgewandelten Beispiel.

Wollte also Herr Wilhelm Meier seine Namensschwingung und der Numerologie zufolge auch sein Lebensschicksal ändern, könnte er sich dazu entscheiden, regelmäßig seinen zweiten Vornamen zu nennen, der mit A beginnt, und dessen Initiale »A.« zwischen seinen Vor- und Nachnamen setzen:

WILHELM A. MEIER
6 1 3 5 5 3 4   1   4 5 15 2 = 27 + 1 + 17 = 45 = 9

Herr Meier hat also seine Namenszahlen auf 45 und 9 abgeändert. Damit hätte er nach den Aussagen der Numerologie alle Chancen, ein leidenschaftlicher und erfindungsreicher Mensch zu werden, der nach höchster Vollkommenheit strebt. Dies verspricht die 9. Der 45 wird die gleiche Bedeutung wie die der 27 zugeschrieben. Die 27 ist eine Zahl der karmischen Belohnungen. Sie garantiert großzügiges Entgelt für Kreativität und Engagement. Autorität und hohe Position sind wahrscheinlich …

Eine Warnung

Aber Vorsicht: Prüfen Sie genau, ob Sie Ihren Namen bzw. dessen Zahlen richtig analysiert haben, und beachten Sie, dass das bisher veröffentlichte Wissen über Numerologie nicht immer richtig oder vollständig ist. Es kann gar nicht sein, dass Sie über eine einzige Zahl vollständig beschreibbar sind, und auch die Methoden, die noch eine zweistellige Zahl hinzunehmen, erfassen Sie auch nicht in Ihrer Gesamtpersönlichkeit, obwohl sie schon besser und detaillierter sind. Wer sagt Ihnen, dass Ihr Schicksal wirklich schlecht ist? Vielleicht sollten Sie durch gewisse Lebensumstände bestimmte Lektionen lernen? Solchen Argumenten von Kritikern der numerologischen Namensänderung lässt sich allerdings entgegnen, dass dann, wenn ein bestimmtes Schicksal für Sie vorgesehen war, es aller Wahrscheinlichkeit nach ebenfalls geplant war, dass Sie sich mit Numerologie beschäftigen und deshalb Ihren Namen zu einem bestimmten Zeitpunkt ändern werden …!

Viele Numerologen sind der Ansicht, dass es entsprechend den persönlichen Zahlen günstige und ungünstige Tage für Unternehmungen gibt. Günstig sind zum Beispiel Tage, bei denen das Datum mit Ihren persönlichen Zahlen harmoniert. Dies sollten Sie einfach ausprobieren. Ich tendiere persönlich zu der Ansicht, dass es durchaus vorteilhafte oder weniger günstige Tage gibt, um bestimmte Unternehmungen anzugehen. Es verhält sich hier ähnlich wie bei den biorhythmischen Erkenntnissen beschrieben (siehe das Kapitel »Biorhythmus – kosmische Schaltuhren«). Es reicht aber, diese Tage zu kennen, ohne sich veranlasst zu fühlen, deshalb alle Aktivitäten nur an viel versprechenden Tagen durchzuführen oder an bestimmten Tagen ganz zu vermeiden. Zumindest unser Berufsleben lässt selten ein solches Verhalten in voller Konsequenz zu.

Der Computereinsatz

Beim Computereinsatz sind Ihrer Phantasie keine Schranken auferlegt. Zum Beispiel könnten Sie sich bei entsprechenden Kenntnissen zusätzlich zu den fertig erhältlichen Numerologieprogrammen eigene schreiben, die Ihnen immer dann eine Meldung ausgeben, wenn das aktuelle Datum oder die aktuelle Uhrzeit in der Quersumme Ihre persönliche Zahl ergibt. So können Sie gemäß der Numerologie günstige Tage und Momente für sich nutzen. Es gibt aber noch viele weitere Ideen und Anwendungsmöglichkeiten.

Auch ohne die Numerologie gleich dazu zu benutzen, Ihren Namen zu verändern, können Sie Computerprogramme zur numerologischen Analyse vielseitigst verwenden. Sie gewinnen durch Namens- und Datumsanalyse nicht nur Aufschlüsse über sich selbst, sondern ebenso über Ihre Partner, Freunde und Familienangehörigen. Auch im Berufsleben kann es sehr nützlich sein, wenn man seinen Gesprächs- bzw. Verhandlungspartner oder auch seine Kollegen über ihr äußeres Verhalten hinaus besser kennen lernt. Verständnis schafft Harmonie und Mitgefühl und baut Barrieren ab.

Auch Sie selbst könnten aus Ihrer eigenen Namens- und

Geburtsdatums-Analyse praktische Konsequenzen ziehen, zum Beispiel dass Sie bestimmte in Ihnen angelegte Begabungen besser nutzen wollen oder Ihnen unerwünschte Charakterzüge, die Sie so vielleicht noch gar nicht gesehen hatten, in angenehmere umwandeln wollen. Der praktischen Anwendung sind keine Grenzen gesetzt.

Der Ton macht die Musik

Zum Schluss dieses Kapitels möchte ich Ihnen noch eine Anregung geben, die über alle heute erhältlichen numerologischen Bücher und Computerprogramme hinausgeht. In den zwanziger Jahren des 20. Jahrhunderts veröffentlichte die Autorin Mabel Ahmad das Buch *Names and their Numbers**, in dem sie zu begründen versucht, dass alle bekannten numerologischen Systeme falsch seien, weil es bei einer Namensanalyse oder der Analyse irgendeines Wortes nur auf den Klang ankäme und nicht auf die Schreibweise. Danach wäre es also unerheblich, ob die Schreibweise des Namens Meier eventuell Maier, Mayer, Meyer oder Mair ist, denn jedes Mal ist der Klang der gleiche. Der Klang würde in diesem Falle am besten durch die Schreibweise Mair wiedergegeben. Allein diese Buchstabenwerte habe man zu interpretieren. Da kann ich nur sagen: Viel Spaß beim Ausprobieren!

* Mabel Ahmad: *Names and their Numbers*, Philadelphia 1924.

Ihr PC kann sprechen

Dieses Kapitel ist von der Thematik her sehr gewagt und nur
für diejenigen gedacht, die für solche Themen offen sind, die
anderen vielleicht suspekt oder zumindest lächerlich erscheinen. Eine mögliche Betrachtungsvariante wäre es, das
im Folgenden Gesagte als Spiel zu betrachten und damit zu
experimentieren. Sie sollten aber wissen, dass ich es ganz
und gar nicht als Spiel ansehe. Doch nun genug der Vorrede.

Computer und Geistwesen

Am Anfang dieses Buches habe ich bereits erörtert, dass sich
in jedem Computer Geistwesen ausdrücken können. Dies
kann das eigentliche »Computer-Geistwesen« sein, das in
seiner Kapazität dem zur Verfügung gestellten »Nervensystem« des Computers entspricht, es drückt sich möglicherweise aber auch ein fremdes Geistwesen oder ein Teil unseres eigenen Bewusstseins durch den »Kanal« des Computers
aus.

Das Hilfsmittel, das uns diese Präsenz vergegenwärtigen
kann, ist die Sprache. Jetzt geht es uns nicht um eine eigentliche Sprachausgabe, die schon technisch realisiert ist und
mit der man sicher auch experimentieren kann, sondern um
eine Sprachausgabe in Form eines automatisch generierten

Textes. Diejenigen unter Ihnen, die über eine Zusatzkarte im PC verfügen, welche auch gesprochene Sprache generieren kann, werden sicherlich aufgrund der in diesem Kapitel geschilderten Experimente auf noch andere Ideen kommen und weitertüfteln können.

Der Einsatz von »Zufalls«zahlen

Um die (bereits durchgeführten) Experimente dieses Kapitels ausprobieren zu können, ist es eigentlich Voraussetzung, dass Sie entweder selbst programmieren oder jemanden kennen, der Ihnen ein solches Programm schreibt. Die Grundzüge eines derartigen Programms sind einfach. Sollten Sie aber keine Programmierkenntnisse haben, lässt sich zumindest das Prinzip des »Sprachgenerators« begreifen.

Erinnern Sie sich an die in den Kapiteln über Tarot, I Ging und Runen gemachten Aussagen? Dort ging es darum, dass der Computer eine »Zufalls«zahl zur Verfügung stellt, die dann als eine der 78 Tarotkarten, eine der 24 Runen oder eines der 64 Hexagramme des I Ging interpretiert wird. Dabei galt das unterstellte Prinzip, dass es durchaus nicht zufällig ist, welche Zahl der Computer erzeugt. Genauso wenig ist es ein Zufall, welche tatsächliche Tarotkarte man aus dem Kartenstapel zieht oder welche Seite einer Münze beim Erstellen eines I-Ging-Hexagramms oben liegen wird. Diejenigen, die solche Methoden verwenden, wissen genau, dass ihr Bewusstsein, in Zusammenspiel mit kosmischen Kräften, einen Einfluss auf den so genannten Zufall hat bzw. dass es sich um Koinzidenzen handelt, die eben keinesfalls willkürlich so geschehen.

Solchen Koinzidenzen, nach C. G. Jung auch »Synchronizitäten« genannt, wurden kürzlich einige Bücher gewidmet, zum Beispiel vom amerikanischen Psychologen James Redfield (siehe Literaturverzeichnis). Synchronizitäten sind unserer wissenschaftlichen Weltanschauung, in der es in der Regel um Ursache-Wirkungs-Ketten geht, fremd. Oder doch nicht? Seit Anfang des 20. Jahrhunderts sind aus der Elementarteilchenphysik Versuche bekannt, bei denen Ursache und Wirkung nicht mehr eindeutig bestimmt werden können: Synchronizitäten. Das ist aber nicht weiter tragisch, denn da jedes Denkmodell unserer Welt, das die Wissenschaft für uns bereit hält, zwangsläufig falsch ist – weil unvollständig –, ist man eben öfter gezwungen, das Weltbild zu ändern. Synchronizitäten und ähnliche Erscheinungen werden dazu führen, dass wir entweder ein zunehmendes Verständnis über höhere Dimensionen oder geistig-spirituelle Bereiche gewinnen werden.

Also gehen wir einmal davon aus, dass die Zufallsgeneratoren keine zufälligen Zahlen produzieren, sondern dass dann, wenn wir eine bestimmte Absicht mit der Erzeugung dieser Zahlen verbinden, wie das zum Beispiel beim Tarot der Fall ist, die Zahlen eine ganz spezielle Bedeutung tragen. Die Absicht kann dabei zum Beispiel der Wunsch sein, einen bestimmten Rat zu erhalten. Die erzeugte Zufallszahl ist natürlich nur im Kontext des zugeordneten Interpretationsrahmens gültig. Beim Tarot besteht dieser Rahmen aus 78 Karten, die eine traditionell festgelegte Bedeutung haben.

Zahlen = Buchstaben?

Zahlen sind in der Zahlenmystik Buchstaben zugeordnet und damit allgemein der Sprache und bestimmten Wörtern dieser Sprache. Nicht nur die jüdische Kabbala, sondern die Tradition der Zahlenmystik auf der gesamten Welt beschäftigt sich unter anderem mit den Zuordnungen der Zahlen zu den Buchstaben, wobei sich diese Referenzen durchaus je nach Kultur unterscheiden. Also auch hier muss der Rahmen klar sein, innerhalb dessen man die Zahlenbedeutungen interpretieren möchte. Dies ist sicher für einige ungewohnt, die eher an »feststehende Tatsachen und Wahrheiten« glauben. Eine Wahrheit ist immer nur dann gültig, wenn sie innerhalb eines passenden Referenzsystems betrachtet wird. Solche Erörterungen würden uns aber etwas zu weit in das Gebiet der Wissenschaftstheorie bringen, das ohne Zweifel ein lohnendes Gebiet darstellt. Sinnieren wir nämlich über unsere eigenen Denkprämissen, ist dies unserem Verständnis der Phänomene dieser Welt und auch unseren eigenen Selbsterkenntnisprozessen sehr förderlich. Wie so manche Philosophen erkannt haben, liegen unsere größten Beschränkungen im mangelnden Denkvermögen und der Schwierigkeit, uns ungewohnte Zusammenhänge vorstellen zu können, weil sie eben das erwähnte Weltbild sprengen. Viele empfinden neue Erkenntnisse dieser Art sogar als bedrohlich, weil sie Angst davor haben, dass sich eigene psychische Strukturen auflösen könnten und damit die innere Stabilität gefährdet wäre.

Wie kann uns also die Zahlenmystik helfen? Nun, der Schluss ist nahe liegend: Wenn der Zufallsgenerator in anderen Zusammenhängen – Tarot, I Ging, Runen – bedeutungs-

Hebräischer Buchstabe	Entsprechung Name des Buchstabens	im deutschen Alphabet	Zahlenwert
א	Aleph	A	1
ב	Beth	B	2
ג	Ghimel	G	3
ד	Daleth	D	4
ה	He	E	5
ו	Vau	V, W (u, O)	6
ז	Zain	Z	7
ח	Chet	H	8
ט	Theth	T	9
י	Iod	I	10
כ	Caph	Ch	20
ל	Lamed	L	30
מ	Mem	M	40
נ	Noun	N	50
ס	Samech	S	60
ע	Hain	Gh	70
פ	Phe	Ph	80
צ	Tsade	Ts	90
ק	Coph	K	100
ר	Resch	R	200
ש	Shin	Sh	300
ת	Thau	Th	400

Abb. 22: Tabelle der Zahlenwerte des hebräischen Alphabets

volle Zahlen erzeugen kann, könnte er dies auch, um Buchstaben bzw. Sprache zu erzeugen; scheinbar zufällig, aber bei näherem Hinsehen doch bedeutungsvoll. Es ist lediglich notwendig, in einem Programm den ersten 20 oder 25 Zahlen, je nach verwendetem Alphabet, Buchstaben zuzuordnen. Ich habe hierzu die Zahlen-Buchstaben-Zuordnung der hebräischen Kabbala verwendet, da sie sich in der Zahlenmystik vielfach bewährt hat, und sie scheint mir das Programm effektiver zu machen als andere Zuordnungen. Außerdem kann man das Computerprogramm dazu verwenden, um automatisch – natürlich auch scheinbar zufällig – Wort- und Satzlängen zu generieren. Die Tabelle (Abb. 22) zeigt Ihnen die Buchstabenzuordnungen der hebräischen Kabbala zu den Zahlen.

Die Logik des Sprachprogramms

Das Ergebnis des Programms ist eine Kunstsprache, ein künstlich generierter Text, der zuerst interessant, aber wahrscheinlich nichts sagend aussieht. Nach einer Weile des Experimentierens und entsprechender eigener geistiger Einstellung während der Texterzeugung können sich aber rudimentäre Sinngehalte ergeben. Ich überlasse es dem Experimentator, das Programm so zu »tunen«, dass erkennbare Worte herauskommen!

Um einen Text zu generieren, ist die Logik eines solchen Sprachprogramms etwa die folgende:

1. Sie bestimmen (generieren zufällig) die Anzahl Sätze des Textes.

2. Sie bestimmen (generieren zufällig) für den ersten Satz die Anzahl der Wörter.

3. Sie bestimmen (generieren zufällig) die Wortlänge des ersten Wortes, also die Anzahl Buchstaben.
4. Sie bestimmen (generieren zufällig) bei gegebener Wortlänge nacheinander jeden einzelnen Buchstaben des Wortes.
5. Sie setzen ein Leerzeichen.
6. Sie wiederholen die Schritte 3 bis 5 so lange, bis der erste Satz vollständig ist, also die Anzahl Worte pro Satz erreicht ist, setzen am Schluss statt eines Leerzeichens einen Punkt.
7. Sie beginnen wieder bei Schritt 2 für den nächsten Satz – usw.

Auf diese Weise können Sie beliebig lange Dokumente generieren. Insgesamt brauchen Sie also vier verschiedene Arten von Zufallszahlen: eine Zufallszahl für die Anzahl Sätze, eine zweite für die Anzahl Worte pro Satz, eine dritte für die Wortlänge, eine vierte für jeden einzelnen Buchstaben.

Eine weitere Variante wäre es, anstatt der einzelnen Buchstaben ganze Silben aneinander zu reihen. Die deutsche Sprache umfasst ein paar hundert Silben, die, zufällig aneinander gefügt, eine Kunstsprache ergeben, die wie Deutsch aussieht, aber erst einmal keins ist. Entsprechende Silbenverzeichnisse findet man in speziellen Nachschlagewerken für die deutsche Sprache. Wiederum überlasse ich Ihnen als Experimentator, ein solches Programm zu optimieren, um einen tatsächlich sinnvollen Text zu erzeugen. Ihr Werkzeug ist in diesem Fall nicht das Alphabet, sondern der Vorrat an Silben.

Wer spricht denn da?

Wie schon erwähnt wurde, generieren andere Programme, die auf der Erzeugung von Zufallszahlen beruhen – wie Tarot- oder I-Ging-Programme –, verblüffend sinnvolle Ergebnisse. Wie anders wäre dies möglich, wenn nicht irgendein Bewusstsein dabei im Spiel wäre. Die Frage lautet natürlich, ob der Hauptakteur das angenommene »Geistwesen des PCs«, ein anderes durch den PC wirkendes Wesen oder ausschließlich unser eigenes Bewusstsein ist.

Vor allem wird Sie jetzt wohl die Frage beschäftigen, was Ihnen das Programmieren eines Sprachgenerators, so wie oben beschrieben, überhaupt bringt. Die ersten Versuche, die Sie anstellen werden, erzeugen als Ergebnis wahrscheinlich keinen Klartext mit wichtigen Meldungen aus einer anderen Dimension. Ob die Texte mit der Zeit einen Sinn ergeben, hängt von vielen Faktoren ab, unter anderem von Ihrer Geduld und der Konzentration, mit der Sie Ihre Versuche durchführen. Sollten Sie ein ausgesprochen forschender und offener Geist sein, dann brauche ich Ihnen sicher keine Begründung für solche Sprachversuche geben: Es wird Sie einfach brennend interessieren zu erfahren, was dabei herauskommen könnte.

Die so genannten Tonbandstimmenforscher, die über das Medium Magnetbänder Stimmen aus anderen Dimensionen vernehmbar machen wollen, haben natürlich auch mit Computern experimentiert; und es gibt weltweit zunehmend Berichte, dass sich ab und zu Intelligenzen unbestimmter Art über Computer »melden« und spontan Texte auf dem Bildschirm eines eingeschalteten PCs hinterlassen oder sogar gespeicherte Dateien, wie ich das auch im Kapitel »Zeitsprung« schildere. Vorfälle dieser Art werden akribisch von dem deutschen Professor Dr. Ernst Senkowski gesammelt und regelmäßig in seiner Broschüre *Transkommunikation* veröffentlicht.

Bei diesem Sprachexperiment wird davon ausgegangen, dass tatsächlich eine Kommunikation mit einem intelligenten Wesen entsteht. Es ist sozusagen der »Ernstfall« der Hypothese, die am Anfang dieses Buches aufgestellt wurde, nämlich dass der Computer in seiner hochentwickelten Organisationsform eine Art Nervensystem darstellt, das von einer intelligenten Wesenheit in Besitz genommen werden kann.

Der Begriff »Geistwesen« müsste eigentlich genauer definiert werden, denn den Okkultisten zufolge gibt es in der geistigen und astralen Welt – also den Bereichen, die unserer normalen Wahrnehmung verborgen sind – viele Arten von Wesen, die sich durch ihren Entwicklungsgrad und ihre Intelligenz sehr unterscheiden. Wie die entsprechenden Fachleute beteuern, sind uns diese Geistwesen nicht ausnahmslos »wohlgesinnt«. Wir haben es hier unter Umständen mit so genannten Elementalen und Larven zu tun, die mit äußerster Vorsicht zu genießen sind. Nimmt man diese Experimente also ernst, sind sie potenziell gefährlich, zumindest für den ungeübten Okkultisten.

Aus diesem Grunde hatte ich zunächst gezögert, das Vorgehen für solche Experimente überhaupt auf diesem Wege mitzuteilen. Auf der anderen Seite wäre der mögliche Schaden, der für uns entsteht, jedoch noch größer, wenn tatsächlich Geistwesen durch einen Computer operieren, wir aber nichts davon wüssten.

Sie dürfen gern über diese Ausführungen lächeln und das Ganze als eine überspannte Idee betrachten. Im Grunde ist das Thema aber auch für Neurologen interessant, die zu verstehen versuchen, was im Gehirn oder Nervensystem dafür verantwortlich ist, dass wir überhaupt ein Bewusstsein entwickeln. Und es ist mit Sicherheit für Forscher von Relevanz, die sich – und das könnte auch Sie interessieren – bereits seit Jahrzehnten im Geheimen damit befassen, wie man Gehirnströme aufzeichnet, Bewusstseinsinformationen aus diesen herausliest und diese oder veränderte Inhalte wiederum in einen Menschen »einspeichert«. Dies sind nun allerdings Fakten, und zwar sehr beunruhigende!

Biorhythmus –
kosmische Schaltuhren

Unser tägliches Wohlbefinden ist Schwankungen unterworfen. Damit sage ich Ihnen sicherlich nichts Neues. Wussten Sie aber auch, dass diese Schwankungen vorhersagbar sind und dass Ihr Computer Ihnen hierbei helfen kann?

Anfang des 20. Jahrhunderts entdeckte der deutsche Arzt Dr. Wilhelm Fließ, dass bei seinen Patienten bestimmte Beschwerden periodisch auftraten, und er entschloss sich, Aufzeichnungen darüber zu machen. Bei der Auswertung stellte er fest, dass Krisen und Anfälligkeiten bei ein und demselben Patienten immer in bestimmten, gleich bleibenden Intervallen begannen.

Die drei grundlegenden Rhythmen

So schälten sich für Dr. Fließ mit der Zeit zwei beobachtbare Rhythmen heraus: einer von 23 Tagen für die körperliche Leistungsfähigkeit und ein zweiter von 28 Tagen für das Gefühlsleben. Den ersteren nannte er den männlichen Rhythmus, den zweiten den weiblichen. Diese anfangs vom Entdecker Fließ als »Periodenlehre« bezeichnete Erkenntnis wurde später zur »Lehre vom Biorhythmus« umbenannt.

Naturgegebene Rhythmen hatten schon immer einen beachtlichen Einfluss auf menschliche Kulturen und ihre Gebräuche. Bei allen Völkern der gemäßigten Zonen wurden die Jahreszeitenwechsel gefeiert, die mit Klimaunterschieden und verändertem Befinden einhergingen. Im 20. Jahrhundert haben wir erstmals begonnen, intensiv biologische Rhythmen zu untersuchen und zu verstehen. Jedem ist aus eigener Erfahrung der so genannte zirkadische Rhythmus geläufig, mit dem der tägliche körperliche Zyklus bezeichnet wird, dem wir durch den Lichtwechsel von Tag und Nacht unterliegen. Hauptverantwortlicher für die dadurch verursachten Veränderungen im Stoffwechsel und seelischen Befinden ist die Zirbeldrüse, die unter anderem auf Lichtveränderungen reagiert und diese in hormonelle Signale umwandelt bzw. unterschiedliche Hormonausschüttungen durch die Hirnanhangdrüse (Hypophyse) veranlasst. Die Entdeckung der Biorhythmen durch Fließ ist lediglich eine Erweiterung der Erkenntnis, dass wir alle unterschiedlichen Rhythmen unterliegen.

Beide Biorhythmen, die Fließ durch seine Patienten herausfand, beginnen mit der Geburt und laufen bei jedem Menschen während seines ganzen Lebens kontinuierlich und unveränderlich weiter. Der männliche Rhythmus, heute meist als »körperlicher Rhythmus« bezeichnet, dem außer der physischen Leistungsfähigkeit auch die Widerstandskraft gegen Krankheiten, die Willenskraft, das Durchsetzungsvermögen und das Selbstvertrauen unterliegt, durchläuft abwechselnd eine positive, aktive Phase von 11,5 Tagen, danach eine negative, passive Phase von wiederum 11,5 Tagen. Wenn man dies als Kurve darstellt, sieht man, dass die Leistungskurve alle 11,5 Tage einen so genannten Nulldurchgang aufweist, also einen Wechsel zwischen Aktiv und

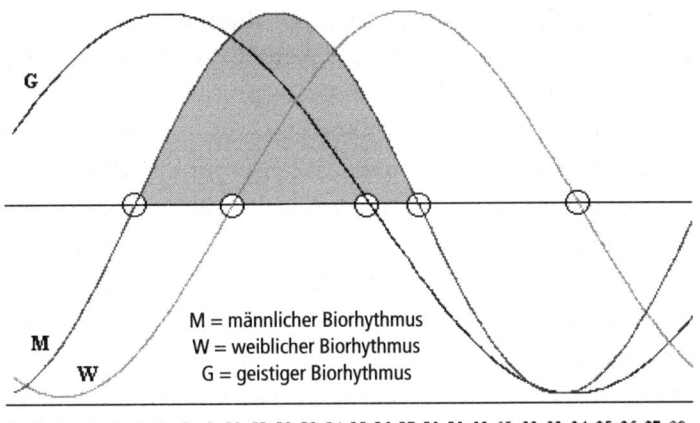

M = männlicher Biorhythmus
W = weiblicher Biorhythmus
G = geistiger Biorhythmus

1 2 3 4 5 6 7 8 9 10 11 12 13 14 15 16 17 18 19 20 21 22 23 24 25 26 27 28

Abb. 23: Sinuskurve des männlichen, weiblichen
und geistigen Rhythmus

Passiv, in Abb. 23 am 6. und 18. des Monats. Außer dem
männlichen und dem weiblichen Rhythmus sehen Sie in diesem Diagramm noch einen dritten Rhythmus verzeichnet,
auf den wir gleich eingehen werden.

Der weibliche Rhythmus von 28 Tagen, der unser Gefühlsleben beeinflusst, deshalb auch als »Gefühlsrhythmus« bezeichnet wird und sich in Optimismus, Leidenschaft, Freude
und Gefühlswärme ausdrücken kann (oder eben in den ge-
genteiligen Zuständen), verhält sich im Prinzip genau wie
der männliche, nur dass der Wechsel zwischen aktiven und
passiven Phasen alle vierzehn Tage erfolgt. Durch die unterschiedliche Rhythmenlänge von männlichem und weibli-
chem Zyklus verschieben sie sich ständig gegeneinander,
manchmal fallen sogar ihre kritischen Punkte zusammen.
Als kritisch werden zum Beispiel die in der Kurve sichtbaren

213

Nulldurchgänge bezeichnet. Selbstverständlich gelten sowohl der männliche als auch der weibliche Rhythmus für beide Geschlechter!

Zusätzlich zu den ersten beiden Rhythmen entdeckte Prof. Alfred Telcher aus Innsbruck später einen weiteren Rhythmus von 33 Tagen, den er als »intellektuellen Rhythmus« bezeichnete. Er ist für die geistige Leistungsfähigkeit und Kreativität ausschlaggebend und wirkt sich auf unser Gedächtnis, die geistige Wachheit, das logische Denken, die Reaktionsfähigkeit und das Lernvermögen aus. Im Diagramm ist er mit dem Buchstaben G bezeichnet.

Insgesamt haben wir es also mit drei grundlegenden Rhythmen zu tun, die unser Befinden und unsere Leistungsfähigkeit entscheidend beeinflussen. Sie beginnen alle mit der Geburt und laufen, bis auf wenige Ausnahmen, kontinuierlich weiter. Die Lehre über diese Biorhythmen ist also keineswegs kompliziert. Es ist lediglich notwendig, die Anzahl der Lebenstage eines Menschen zu berechnen und daraus seinen momentanen Rhythmenstand abzulesen. Aber: Eine manuelle Berechnung ist mühsam, denn Sie müssten zum Beispiel alle Schaltjahre mit berücksichtigen. Es gibt einige Taschenrechner, die Datumsberechnungen integriert haben, ansonsten helfen Computerprogramme weiter. Diese können ausgesprochen hilfreiche Ausdrucke mit Ihrem persönlichen aktuellen Rhythmenstand erzeugen.

Noch mehr Rhythmen

In den letzten Jahren sind noch weitere Rhythmen entdeckt worden, die der Intuition und den höheren seelischen und geistigen Kräften in uns zugeordnet werden. Die Bestätigung und Selbstbeobachtung für diese Rhythmen ist außerordentlich schwierig. Trotzdem gibt es heute Biorhythmusprogramme, die einige dieser weiteren Zyklen mit aufgenommen haben. Der Rhythmus für die Intuition liegt bei 38 Tagen. Da die Intuition eine grundlegende menschliche Eigenschaft ist und ganz gewiss Schwankungen unterliegt, scheint es gar nicht abwegig, dass auch hier ein Rhythmus zu beobachten ist. In der Regel beschränkt man sich bei der Beobachtung und Verfolgung der Biorhythmen aber auf die drei anfangs erwähnten, also auf den männlichen, weiblichen und geistigen Rhythmus.

Wozu den Biorhythmus berücksichtigen?

Ehe wir uns einer einfachen Berechnung zuwenden, sollten wir aber klären, ob und wie uns die Beschäftigung mit Biorhythmen weiterhelfen kann. Wozu sollte ich mir geistige oder körperliche Hochs berechnen, wenn ich sie doch eh bemerke? Wozu sollte ich Gefühlstiefs bestimmen, wenn die momentane Depression sich schon deutlichst zeigt? Warum etwas berechnen, das offensichtlich ist?

Um diese Fragen zu beantworten, ist es aufschlussreich, wieder zu den Entdeckern und ersten Anwendern des Biorhythmus zurückzukehren. Sie entdeckten nämlich, dass

Krankheitsausbrüche, Krisen im Heilungsverlauf und Unpässlichkeiten immer an so genannten kritischen Tagen stattfanden. Insbesondere war zu beachten, dass Operationen an kritischen Tagen häufig misslangen oder von Komplikationen gekennzeichnet waren, zum Teil mit tödlichem Ausgang. All dieses hätte man vermeiden können, wenn man um die Biorhythmen des jeweiligen Patienten gewusst hätte. In der Folge fingen also viele Ärzte an, die kritischen Tage des Biorhythmus zu berücksichtigen, und konnten dadurch Heilungsprozesse beschleunigen und Krisen mit eventuell tödlichem Ausgang aus dem Wege gehen.

Wie oft haben Sie nicht selbst schon festgestellt, dass Ihnen ein und dasselbe Unternehmen an einem Tage wunderbar gelingt, an anderen Tagen aber nur mit größten Schwierigkeiten oder sogar körperlichen oder geistigen Erschöpfungszuständen zu bewerkstellligen ist? Hier hat der Biorhythmus »zugeschlagen«, denn ob Sie um ihn wissen oder nicht, die Gesetzmäßigkeit ist vorhanden. Umgekehrt können Sie sich aber Ihr Leben enorm vereinfachen, indem Sie zum Beispiel schwierige Vorhaben auf günstige Tage Ihres Biorhythmus legen und an kritischen Tagen vorsichtiger zu Werke gehen.

Kritische und günstige Tage

Was genau sind also die günstigen Tage und was die kritischen? Sehen wir uns dazu noch einmal ein Rhythmenbeispiel an. Es handelt sich um die bereits in Abb. 23 dargestellten Kurven, diesmal durch weitere signifikante Tagesmarkierungen ergänzt (siehe Abb. 24).

Das Diagramm zeigt einen zufällig gewählten Biorhythmus

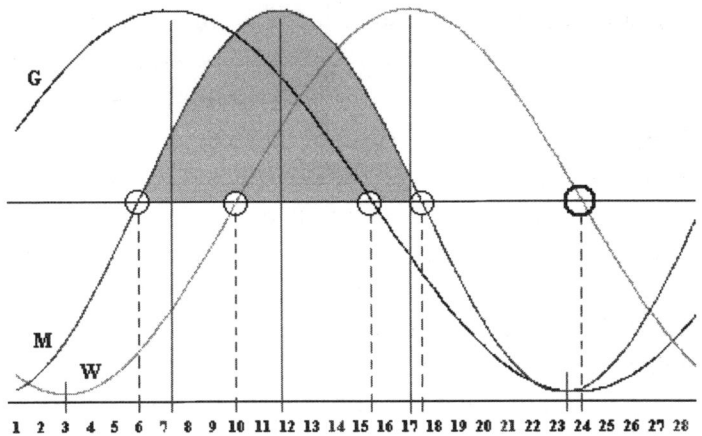

Abb. 24: Ein Rhythmenbeispiel

für einen Monat eines ebenso zufällig ausgewählten Menschen. Die männliche Kurve hat hier ihren Höchststand am 12. des Monats, ihren Tiefpunkt am 23. Die aktive Phase dieses männlichen Biorhythmus, das ist in der Graphik der Teil der Kurve, der oberhalb der Mittellinie oder Nulllinie liegt, herrscht vom 6. bis zum 18. des Monats. In ebenjener Zeit wird dieser Mensch am leistungsfähigsten sein. Die Nulldurchgänge, also die Tage, an denen ein Wechsel von passiver zu aktiver Phase oder umgekehrt vorliegt, sind für die männliche Kurve der 6. und der 18. des Monats. Es sind kritische Tage, soweit nur die männliche Kurve betrachtet wird. Zu den kritischen Tagen sei gleich noch mehr gesagt.

Für den weiblichen Biorhythmus liegt die aktive Phase zwischen dem 10. und dem 24. Der 10. und der 24. sind die kritischen Tage des weiblichen Rhythmus. Das Hoch der weiblichen Kurve fällt auf den 17., das Tief auf den 3. des Monats.

Entsprechendes gilt dann auch für die intellektuelle bzw. geistige Kurve. Man sieht aus diesem zufällig gewählten Rhythmogramm, dass selten alle Hochs oder Tiefs auf den gleichen Tag fallen. Es kommt also durchaus häufig vor, dass wir körperlich zwar sehr leistungsfähig sind, aber emotional ein Tief durchleben oder dass wir uns geistig momentan nicht auf der Höhe finden, uns womöglich leicht vergesslich oder zerstreut finden, gefühlsmäßig aber »voll da sind«.

Abgesehen von den diversen Hochs und Tiefs, die sich mit schöner Regelmäßigkeit wiederholen, kommt es durch den Wechsel zwischen aktiven Hoch- und passiven Tiefphasen zu den wichtigen kritischen Tagen beim Übergang. Solche kritischen Tage sind im Diagramm der 6., 10., 16., 18. und 24.

Ein kritischer Tag ist also so definiert, dass an diesem Datum in irgendeinem der drei Rhythmen ein Wechsel von aktiver zu passiver Phase erfolgt oder umgekehrt. Ein kritischer Tag sorgt für Instabilität entweder im körperlichen oder gefühlsmäßigen Befinden oder in der geistigen Leistungsfähigkeit. »Gefährlich« werden solche Tage erst, wenn sie mit einem Tief eines anderen der drei Biorhythmen zusammenfallen. Gefährlich können sie deshalb sein, weil die Instabilität entweder zu körperlichem Unbehagen führen kann, gefühlsmäßiger Labilität oder mangelnder Geistesgegenwart. Gepaart mit entsprechend herausfordernden Situationen, können solche Tage zum Beispiel Unfallgefahr oder sportliche Misserfolge heraufbeschwören, unnötigen Streit mit unserem Partner oder mit Kollegen verursachen, schlechtes Abschneiden in wichtigen Gesprächen, Verhandlungen oder Prüfungen zur Folge haben. Entscheidend für labile oder »gefährliche« Situationen ist also nicht allein ein kritischer Tag oder ein Tief in einem der Rhythmen, sondern das Zusammenfallen von kritischem Tag des einen und Tief eines anderen Rhythmus.

Der kritischste Tag ist im Diagramm von Abb. 24 der 24. des Monats. Hier fällt der kritische Tag des weiblichen Rhythmus mit den Tiefs des männlichen und auch des geistigen Zyklus zusammen.

Wollte man den Zustand beschreiben, in dem man sich an diesem Tag befindet, könnte das etwa so lauten: »Nicht konzentrationsfähig, nicht zu klarem Denken und Schlussfolgerungen fähig, zerstreut. Körperlich nicht leistungsfähig, willensgeschwächt. Gefühlsmäßig instabil, neigt zu Überreaktionen.«

Können Sie sich vorstellen, was Ihnen an einem solchen Tag passieren kann? Sollten Sie den Fehler begehen und sich nun mit Ihrem Vorgesetzten oder Ihrem Ehepartner streiten, werden Sie wahrscheinlich nicht nur den Kürzeren ziehen, sondern Sie könnten Dinge sagen oder Handlungen begehen, die Sie hinterher bereuen würden.

Ein günstiger Tag ist vom biorhythmischen Geschehen ein solcher, an dem einer der Rhythmen sich im Hoch befindet, ohne dass ein anderer gleichzeitig einen kritischen Nulldurchgang hat. Je mehr Rhythmen sich im positiven, aktiven Bereich befinden, umso besser ist dies für das eigene Befinden und Gelingen. Im Diagramm von Abb. 24 ist der 12. des Monats der günstigste Tag. Der männliche, körperliche Rhythmus hat seinen höchsten Punkt erreicht, die anderen Rhythmen liegen ebenfalls in ihrer aktiven, positiven Phase.

Die Beschreibung für das Befinden an diesem Tag würde etwa folgendermaßen lauten: »Voller Elan und Tatkraft, positiv gestimmt, gefühlsmäßig ausgeglichen und wohl gelaunt, geistig frisch und konzentriert, gute Kondition, körperlich, seelisch und geistig stabil.«

An einem solchen Tag werden Sie sicher in allem Erfolg haben, was Ihnen an anderen Tagen vielleicht schwer fällt oder sogar misslingt. Das Schicksal scheint Ihnen günstig gestimmt zu sein, alle guten Kräfte werden Sie unterstützen. Sie sind schlichtweg in Hochform.

Kritische Meinungen

Lassen wir aber auch die Kritiker der Biorhythmenlehre zu Wort kommen. Den Menschen, die sich nach diesen Zyklen richten, wird manchmal vorgeworfen, dass sie ihre Willensfreiheit aufgäben und sich in ein Schema pressen ließen. Dies muss sicher als ein extremer Standpunkt bezeichnet werden, allerdings ist die Angst verständlich, die in einer solchen Haltung zum Ausdruck kommt. Es handelt sich um die Furcht, Opfer von Gesetzmäßigkeiten zu sein, die wir nicht ändern können. Nun gibt es bestimmt umgekehrt auch bei den »Biorhythmikern« extreme Haltungen, zum Beispiel solche Zeitgenossen, die sich »150-prozentig« nach dem Zyklus richten. Ähnlich einem Menschen, der morgens ein »schlechtes Omen« erblickt, zum Beispiel eine schwarze Katze, die ihm über den Weg läuft (die Richtung soll auch noch eine Rolle spielen), und deshalb gleich wieder – Unheil ahnend – ins Haus zurückkehrt, schaut der fanatische Biorhythmiker morgens auf seine Kurven, und wenn sie eine kritische Phase anzeigen, unternimmt er an diesem Tage aber auch rein gar nichts. Diese Haltung möchte ich nicht verurteilen, aber sie stellt eben eine Extremhaltung dar.

Wie bei vielem anderen liegt auch hier der Idealweg irgendwo in der Mitte. Wenn Sie wissen, dass Ihre Leistungsfähigkeit entsprechend dem Biorhythmus nicht gegeben ist, verausgaben Sie sich an diesem Tage eben nicht so wie sonst. Haben Sie ermittelt, dass die intellektuelle Klarheit an einem kritischen Tag des intellektuellen Rhythmus vielleicht nicht ganz gegeben ist, verschieben Sie eben äußerst wichtige Entscheidungen um einen Tag.

Astronomische Ursachen?

Viel interessanter sind die aufgeworfenen Fragen aus dem Lager der Physik, der Astronomie und der Astrologie. Man kann sich nämlich heute noch nicht erklären, worin diese drei Biorhythmen ihren Ursprung haben, obwohl sie doch klar beobachtbar sind. Es gibt bis dato keinen natürlichen Rhythmus, den man für den Biorhythmus verantwortlich machen könnte. Auch die Zuordnung des weiblichen Rhythmus zum Mondumlauf ist astronomisch nicht ganz korrekt. Es gibt mehrere Mondrhythmen, die sich aber alle vom weiblichen Zyklus mit seinen 28 Tagen etwas unterscheiden: Der siderische Mondumlauf beträgt 27 Tage und 7,7 Stunden, der synodische Umlauf beträgt 29 Tage und 12,75 Stunden. Der siderische Umlauf ergibt sich, indem man den Mond beobachtet, wie er von einem definierten Punkt am Sternenhimmel zu genau diesem Punkt wieder zurückkehrt, der synodische Umlauf ist die Zeitdauer von einem Neumond zum nächsten oder von einem Vollmond zum nächsten Vollmond.

Die Zuordnung zum weiblichen Periodenzyklus wäre denkbar, aber auch dieser liegt selten exakt bei 28 Tagen.

Wir kennen ebenfalls einen Sonnenfleckenzyklus von 27 Tagen, der zumindest nahe beim weiblichen Rhythmus liegt, aber eben nur nahe. Astronomische Rhythmen von 23 oder 33 Tagen sind überhaupt noch nicht bekannt. Welche Uhr ist hier also wirksam? Auch die Planetenbahnen und ihre Umlaufzeiten helfen nicht weiter. Gleich, wie man sie zueinander ins Verhältnis setzt oder sonst irgendwelche Rechenexempel aufstellt, die Biorhythmen kommen dabei nicht heraus. Es ist anzunehmen, dass wir es entweder mit Rhythmen im Energiefeld der Erde zu tun haben oder dass sie im biologischen Geschehen des Menschen selbst begründet sind. Es gibt auf diesem Gebiet also noch vieles zu entdecken.

Was genau tut das Computerprogramm?

Wenn Sie jetzt neugierig geworden sind und ihre Biorhythmen verfolgen, um von ihnen zu profitieren, werden Sie dies am leichtesten mit Computerprogrammen bewerkstelligen, die Ihnen eine graphische Auswertung auf den Bildschirm bringen, die Sie danach auch ausdrucken können. Derartige Programme kann man sich kaufen oder aus dem Internet herunterladen.

Was genau tut ein solches Programm? Sie erinnern sich: Alle Rhythmen beginnen mit dem Tag der Geburt eines Menschen. Das Programm errechnet also zuerst die Anzahl seiner Lebenstage unter Berücksichtigung aller Schaltjahre. Angenommen, jemand ist am 16. 7. 1958 geboren und führt die Berechnung am 13. 1. 2000 durch. An diesem Datum ist er 15 156 Tage alt. Wie haben wir das herausbekommen?

Nun, unsere fiktive Person hat an diesem Tag 41 volle

Jahre gelebt, außerdem 181 Tage seit dem letzten Geburtstag. Im Laufe seines Lebens gab es außerdem zehn Schaltjahre, also zehn zusätzliche Tage. (Jedes Jahr, dessen Zahl durch 4 teilbar ist, ist ein Schaltjahr, das Jahr 2000 zählt in diesem Fall nicht mit, weil es bei dem Schaltjahr 2000 auf den 29 Februar ankäme, der Geburtstag liegt aber davor, am 13. Januar.) Also erhalten wir die Gesamtanzahl der Lebenstage folgendermaßen:

41 Jahre mal 365:	14.965 Tage
10 Schalttage:	+ 10 Tage
Tage seit dem letzten Geburtstag:	+ 181 Tage
	= 15.156 Tage

Diese Gesamtanzahl der Tage teilen Sie durch die Biorhythmen 23, 28 und 33. Die Divisionen gehen in der Regel nicht auf, Sie behalten einen Rest. Dieser Rest ist der gegenwärtige Rhythmenstand:

15.156 : 23 = 658   Rest 22
15.156 : 28 = 541   Rest 8
15.156 : 33 = 459   Rest 9

Der Rhythmenstand ist demnach:

männlicher Rhythmus	22. Tag
weiblicher Rhythmus	8. Tag
intellektueller Rhythmus	9. Tag

Als Kurve gezeichnet, sieht das Ganze aus wie in Abb. 25 dargestellt.

Unsere Beispielperson wäre demnach an diesem Tage (13. 1. 2000) geistig und gefühlsmäßig voll auf der Höhe, kräfte- und antriebsmäßig arbeitet sie sich gerade aus einem Tief

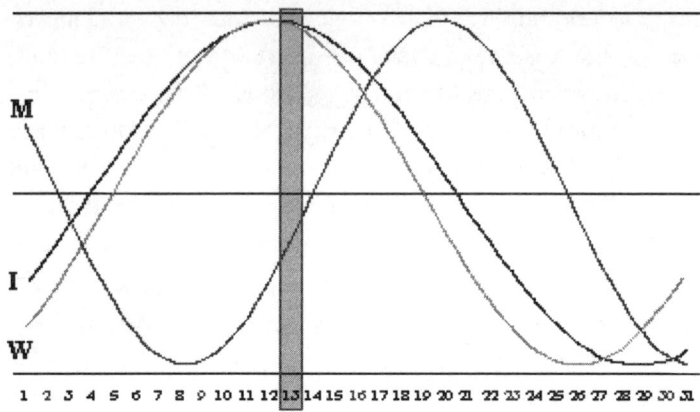

1 2 3 4 5 6 7 8 9 10 11 12 13 14 15 16 17 18 19 20 21 22 23 24 25 26 27 28 29 30 31

Abb. 25: Die Kurven des Beispiels

heraus. Der nächste Tag (14. 1.) bringt eine Krise im körperlichen, männlichen Rhythmus. Diese wird Sie wahrscheinlich bestens überstehen, da sich die beiden anderen Rhythmen im Hoch befinden.

Ganz generell kann man sagen: Ein kritischer Tag wird
dann gefährlich, wenn wenigstens einer der anderen Ryth-
men sich im Tief befindet, er ist aber dann gut zu überstehen,
wenn sich beide anderen in der aktiven Phase befinden. Da-
zwischen gibt es beliebig viele Varianten.

Wo wird mit Erfolg der Biorythmus verwendet?

Aus der Medizin gibt es inzwischen zahlreiche Berichte darüber, dass an biorhythmisch günstigen Tagen Operationen
besser verlaufen, dass Medikamente effizienter resorbiert
werden, dass Umschläge, Bäder und Massagen größere Wir-

224

kungen zeitigen. Heilkuren verlaufen dann besser, wenn sie in einer Hochlage begonnen werden. Umgekehrt gibt es viele tragische Fälle, bei deren nachträglicher Überprüfung sich herausstellte, dass sie mit einem biorhythmisch äußerst ungünstigen Tag zusammentrafen: Schicksal?

Die Berücksichtigung der Biorhythmen hat sich übrigens nicht nur in der Medizin als sehr erfolgreich erwiesen. Auch Sportler profitierten schon tausendfach durch die Berücksichtigung dieser Zyklen. Wenn ein Sportler mit seinem eigenen Biorhythmus vertraut ist, kann er seine Trainingszeiten so einrichten, dass er in einer leistungsschwachen Phase jede Überanstrengung vermeidet, in einer Hochlage aber wesentlich intensiver trainiert. Sollten Sie also ein aktiver Sportler sein und vielleicht sogar an Wettkämpfen teilnehmen, dann werden die folgenden Informationen ausgesprochen interessant für Sie sein. Aber selbst als Nichtsportler können Sie, wenn voraussehbar ist, dass für eine bestimmte Gelegenheit Ihre Kräfte mehr als sonst gefordert werden, vorher Ihren Biorhythmus für diesen Tag bzw. Monat vom Computer berechnen lassen. Sollten Sie dann feststellen, dass an dem fraglichen Tag ein Leistungstief oder ein kritischer Tag im körperlichen Rhythmus ansteht, dann könnten Sie versuchen, das Ereignis auf einen anderen, günstigeren Tag zu verschieben.

Achtet der Chef eines Sportteams auf die Rhythmenlage seiner Mannschaftsmitglieder, kann er zu einem Wettkampf sein Team so zusammenstellen, dass sich jeder in einer leistungsstarken Phase befindet. Mit dieser Methode wird man quasi unschlagbar. Solcherart Erkenntnisse berichteten und veröffentlichten Fußballtrainer bereits in den sechziger Jahren, so auch Helmut Benthaus, der damalige Trainer des FC Basel. Er war einer von vielen Coachs, die sich die Vorteile eines bekannten Biorhythmus zunutze machten und für ihre Spiele einsetzten.

Gleich lautende Aussagen werden für fast alle Sportarten gemacht. Oftmals wurden Rhythmogramme erst nach dem Wettkampf angefertigt, und man konnte fast immer begründen, warum ein sonst starker Spieler versagte oder ein anderer an diesem Tage besonders herausragende Leistungen erbrachte. Das Rhythmogramm zeigte im ersten Fall ein Tief und im zweiten Fall ein Leistungshoch an.

Bei den meisten Sportarten ist vor allem der männliche Rhythmus entscheidend. Aber zum Beispiel beim Boxen, wo es auf schnellste Reaktionen ankommt, ist der geistige Rhythmus fast genauso wichtig. Manche Trainer haben es so gehalten, dass sie selbst zwar bei der Zusammenstellung eines Wettkampfteams den Biorhythmus der Mannschaft berücksichtigten, diese Information aber nicht an die Spieler weitergaben. Hier spielte die Angst eine Rolle, dass ein Sportler, der um ein Tief in irgendeiner seiner Rhythmenlagen weiß, sich eventuell automatisch in diesem Bereich leistungsschwach verhält – nach dem Muster der sich selbst erfüllenden Prophezeiung.

Aus Japan ist bekannt, dass die Biorhythmen dort seit Jahrzehnten eingesetzt werden, um die Anzahl der Verkehrsunfälle und der Unfälle im industriellen Bereich zu verringern. Wie man hört, mit ausgezeichnetem Erfolg. Im Berufsleben ist die Kenntnis des eigenen Biorhythmus von außerordentlich großem Vorteil. Wichtige Gespräche oder Verhandlungen sollten Sie der Biorhythmenlehre zufolge nur dann führen, wenn sich wenigstens Ihr intellektueller Rhythmus in einem Hoch befindet, zumindest aber nicht in einer kritischen Phase. Hilfreich sind natürlich auch günstige Rhythmenlagen des weiblichen Rhythmus für vermehrte emotionale Stabilität – Sie wollen sich ja nicht aus der Ruhe bringen lassen – und ein günstiger männlicher Rhythmus, um lang andauernde Sitzungen auch kräftemäßig durchzuhalten. In der Praxis kann man sich natürlich nicht immer diese optimalen Tage aussuchen, aber hin und wieder einen Termin zu verschieben, das ist durchaus machbar. Dadurch können Sie nur gewinnen!

Sollten Sie also in irgendeinem Bereich Ihres Lebens eine Verbesserung wünschen, sei es im Privatleben, im Berufsleben, beim Sport oder bei Ihren spirituellen Bestrebungen, dann ist der Computer eine ausgesprochen wertvolle Hilfe, um Ihnen jeden Tag den aktuellen Biorhythmus auszuweisen. Ein Ausdruck des Rhythmenstands für den ganzen Monat in der Brieftasche oder der Handtasche könnte für Sie ein unverzichtbarer Begleiter werden. Vielleicht können Sie auch Freunden oder Familienmitgliedern eine Freude bereiten, wenn Sie ihnen ein persönliches Biorythmogramm in die Hand drücken.

Zeitsprung

Das folgende Kapitel ist das einzige in diesem Buch, das sich mit einem Thema beschäftigt, welches nicht auf dem PC nachvollzogen werden kann – noch nicht. Trotzdem handelt es von einem der faszinierendsten und bisher am wenigsten verstandenen Phänomene im Zusammenhang mit einem Computer. Ich habe mich deshalb dazu entschlossen, es hier aufzunehmen, da wir uns schon im Kapitel »Die fünfte Dimension« mit dem Thema der verschiedenen Dimensionen und der Zeit beschäftigten. Dort diskutierten wir, ob die nächsthöhere Dimension jenseits der drei bekannten räumlichen Dimensionen eventuell die Zeit ist und dass es sogar mehrere Zeitdimensionen geben könnte.

Ein Computer älterer Bauart hat eine herausragende Rolle bei einem der am besten bekannten Zeitanomalien gespielt, die wir kennen. Eine Zeitanomalie ist ein Geschehen, das den gewohnten Ablauf des Geschehens sprengt: Es kommt zu Zeitsprüngen in die Vergangenheit oder Zukunft, zu Zeitbeschleunigungen oder -verlangsamungen, zu Raum-Zeit-Verschiebungen, die mit keiner herkömmlichen Theorie über Zeit und Raum erklärbar sind. Dies kann eigentlich nur heißen, dass wir bisher in keiner Weise verstanden haben, was Zeit eigentlich ist.

Es gibt Bücher mit Titeln wie *Zeit ist eine Illusion*. Aber ist sie das wirklich? Zählt es nicht zu unserer täglichen Erfahrung, dass Zeit vergeht, dass alles, was wir tun, eine bestimmte Zeitspanne in Anspruch nimmt, und können wir nicht die Zeit sogar messen? Wenn sie eine Illusion wäre, wozu haben wir dann Uhren?

Mir fällt dazu der nette Scherz eines Afrikaners ein, der sagte: »Gott hat die Zeit geschaffen und der weiße Mann die Uhren.« Was eigentlich besagen will, dass Zeitempfindung und die Einstellung zu ihr etwas sehr Subjektives oder Kulturabhängiges sind. Sicher sind Sie auch der Meinung, dass Zeit regelmäßig mit der gleichen Geschwindigkeit vorübergeht, denn unsere Uhren gehen doch immer gleich schnell? Wie aber beurteilen Sie dann die subjektiven Erfahrungen, dass Zeit manchmal langsam vergeht (»Der Tag will nie enden!«) und manchmal sehr schnell (»Wie, schon so spät?«)? Ist eine solche Beobachtung rein subjektiv oder steckt mehr dahinter? Und wo oder mit welchem Organ empfinden wir überhaupt die Zeit?

Es passierte im England des 20. Jahrhunderts

Ehe wir weiter in solchen Überlegungen fortschreiten, möchte ich Ihnen erzählen, was einem britischen Lehrer mit seinem Computer passierte und wie er plötzlich zum England des 16. Jahrhunderts in direkten Kontakt kam. Diese Geschichte ist außerordentlich bemerkenswert und en détail im Buch *Die vertikale Ebene** von Ken Webster nachzulesen. Sollten Sie die Story für erfunden halten, was ich Ihnen nicht übel nehmen kann, dann empfehle ich, sich mit weite-

---

* Ken Webster: *Die vertikale Ebene*, Frankfurt 1993.

ren Zeitanomalien zu beschäftigen, die Ernst Meckelburg in seinem Buch *Zeittunnel** aufgegriffen hat. Offensichtlich kommt es auf der ganzen Welt immer wieder zu Anomalien, die alle unsere Auffassungen von der Zeit infrage stellen.

Die Geschichte, von der ich Ihnen berichten möchte, begann 1984 im englischen Ort Dodleston nahe dem bekannten Ort Chester auf der walisischen Seite des Flusses Dee. Ken Webster bewohnte mit seiner Freundin Debbie ein Haus, das auf Grundmauern eines älteren Hauses ruhte. Diesem Detail kommt in unserer Geschichte eine im wahrsten Sinne des Wortes fundamentale Bedeutung zu. Bei der Hausrenovierung war es immer wieder zu unerklärlichen Spukerscheinungen gekommen, wie Mitteilungen auf Böden und Wänden, verschwindende Werkzeuge und sich bewegende Möbel. An der Wand (!) tauchten immer wieder kleine Fußspuren der Größe 36 auf: Füße mit sechs Zehen. Des Öfteren wurden Einkäufe des letzten Tages, die erst einmal mehr oder weniger chaotisch in der Küche gelagert wurden, über Nacht wie von Heinzelmännchen säuberlich aufgestapelt. Der Lehrer Ken Webster war an paranormalen Phänomenen überhaupt nicht interessiert, und auch diese Tatsache verleiht den folgenden Geschehnissen zusätzliche Glaubwürdigkeit.

Webster hatte sich mehrmals aus der Hawarden High School, an der er unterrichtete, einen für heutige Verhältnisse altmodischen Computer ausgeborgt, den seine Bekannte Nic, die zeitweilig bei ihm und Debbie wohnte, als Schreibautomaten benutzen wollte, um Sketche und Dialoge fürs Theater zu schreiben. Es handelte sich um einen BBC-Mikrocomputer mit dem Textverarbeitungsprogramm Edword, man

---

* Ernst Meckelburg: *Zeittunnel*, München 1993.

könnte sagen, es war ein Vorläufer des heutigen PC. Der Computer stand in der Küche seines Hauses, und während Websters Abwesenheit war er auch oft nicht ausgeschaltet. Eines Tages entdeckte er beim Nachhausekommen, dass das Texteditormenü nicht mehr zu sehen war, als ob jemand die Break-Taste gedrückt hätte. Webster sah sich den Index der Diskette an, um zu sehen, was Nic, die zu diesem Zeitpunkt auch außer Haus war, vielleicht geschrieben hatte. Er fand tatsächlich eine neue Datei mit Namen KDN, Abkürzungen für Ken, seine Freundin Debbie und Nic. Der Text bestand aus mehreren unzusammenhängenden Gedichtzeilen, die merkwürdigerweise im Englisch des – wie er später herausfand – 16. Jahrhunderts abgefasst waren. Webster dachte, jemand habe sich einen Scherz erlaubt, und fragte herum, wer sich an seinem Computer zu schaffen gemacht hätte. Offensichtlich wollte sich aber niemand zu dieser Tat bekennen.

Einige Monate später, als sich Webster wieder einmal den Computer übers Wochenende ausgeliehen hatte, erschien erneut eine Datei. Auch jetzt waren zu dieser Zeit alle Hausbewohner abwesend. Der Text war wie beim vergangenen Mal in altem Englisch abgefasst und drückte offensichtlich Empörung aus, dass Webster im Haus seines Verfassers lebte, das dieser als seines betrachtete. Der englische Originalwortlaut und die Übersetzung sowie alle folgenden Zitate sind unverändert dem Buch *Die vertikale Ebene* von Ken Webster entnommen:

»I WRYTE ON BEHALTHE OF MANYE
WOT STRANGE WORDES THOU SPEKE, ALTHOUGH,
I MUSTE CONFESS THAT I HATH ALSO BEENE
ILLSCHOOLED, SOMETYMES METHINKS

ALTERACIONS ARE SOMEWOT BARFUL, FOR THEY
BREAKE MANYE A SLEPES IN MYNE BED.
THOU ART GOODLY MAN WHO HATH FANCIFUL
WOMAN WHO DWEL IN MYNE HOME, I HATH NO
WANT TO AFFREY, FOR ONLIE SYTH MINE HALF
WYTED ANTIC HAS RIPPED ATTWAIN MYNE
BOUND HATH I BEENE WRETHED A-NYTE.
I HATH SEENE MANYE ALTERACIONS (LASTLY
CHARGE HOUSE AND THOU HOME), 'TIS A FITTING
PLACE, WITH LYTES WHICHE DEVYLL MAKETH,
AND COSTLY THYNGS, THAT ONLIE MYNE FRIEND,
EDMUND GREY CAN AFFORE, OR THE KING
HIMSELVE.
'TWAS GREATE CRYME TO HATH BRIBED MYNE
HOUSE
I. W.

Ich schreibe im Interesse vieler.

Welch seltsame Wörter Ihr sprecht, obwohl ich zugeben
muss, dass auch ich nicht sehr gebildet bin. Zuweilen
scheint es, als seien die Veränderungen ein wenig hinder-
lich, denn sie halten mich oft davon ab, in meinem Bett zu
schlafen.

Ihr seid ein ehrenwerter Mann, der eine phantasievolle
Frau hat, und Ihr lebt in meinem Haus, ich habe nicht die
Absicht, Euch zu beunruhigen, denn erst seit der halbge-
scheite Narr (Trick?) meine Grenzen eingerissen hat,
werde ich des Nachts gequält.

Ich war Zeuge vieler Veränderungen (zuletzt das Schul-
haus und Euer Heim). Es ist ein wohnlicher Ort, mit Lich-
tern, die der Teufel macht, und kostbaren Dingen, die sich

nur mein Freund Edmund Grey oder der König selbst leisten können.

Es war ein großes Verbrechen, mein Haus zu stehlen.

I. W.«

Die Sprache schien ein altes, auf jeden Fall nicht mehr gebräuchliches Englisch zu sein. Als Übeltäter kam also nur jemand infrage, der sich mit Altenglisch beschäftigt hatte. Eines Tages kam Webster auf die Idee, einen Ausdruck des Textes seinem Kollegen und Freund Peter Trinder mitzunehmen, um seinen Rat einzuholen. Dessen Spezialgebiet war Altenglisch.

Während sein Freund Peter die Texte analysierte, kam ein befreundeter Rechtsanwalt, John Cummings, zu Besuch. Er überzeugte Ken, dass es doch die Höflichkeit wenigstens erfordern würde, eine Antwort in den Computer einzugeben. Sie fragten also nach den Lebensumständen des Verfassers der mysteriösen Texte. Die Antwort kam noch am gleichen Tag und enthielt unter anderem folgende Angabe:

»… Der König ist natürlich Heinrich VIII. Er ist 46 Jahre alt …

I. W., 28. März 1521«

Obwohl das Jahr 1521 in die Regierungszeit Heinrichs VIII. fällt, passten weitere Angaben im Schreiben, wie sich später herausstellte, nicht zum angegebenen Datum (zum Beispiel wurde Heinrich VIII. in Wirklichkeit im Jahr 1491 geboren). Das Ganze war also vielleicht doch nur ein »Hoax«, ein genialer Scherz? Die folgenden Botschaften waren mit »Lukas Wainman« unterzeichnet. Auch in den nächsten Botschaften fällt auf, dass Lukas offensichtlich alles sehen konnte, was im 20. Jahrhundert passiert, die Menschen, die Autos, einfach alles. Umgekehrt funktionierte dies nicht, also ein weiterer Beweis, dass alles nur von einem Scherzbold erfunden war? Trotz aller Bemühungen konnte Webster aber nicht herausfinden, ob jemand während seiner Abwesenheit in seine Küche eindrang, um diese Botschaften zu hinterlassen. Auch nachdem er mit seiner Freundin Debbie versucht hatte, sicherzustellen, dass niemand die Küche unbemerkt betreten konnte, tauchten die Botschaften weiterhin auf.

Die Analyse der altenglischen Botschaften durch Peter Trinder ergab mittlerweile, dass die Wörter richtig verwendet wurden, und zwar nicht nur so, dass sie an die damalige Epoche erinnerten, sondern auch dieser Epoche entstammten! Lukas berichtet viele Details aus seinem Leben, über Gebäude, Personen und Ereignisse. Ken und Debbie bemühten sich natürlich, in den örtlichen Chroniken alles darüber herauszufinden. Sie wurden zwar fündig, aber die Zeit passte nie zu dem angegebenen Datum. Irgendwann in diesem Geschehen, das übrigens immer noch von gelegentlichen Spukerscheinungen begleitet war, wurde die Society for Psychical Research auf den Fall aufmerksam. Alle ihre Versuche, die Echtheit oder Fälschung der Botschaften zu beweisen, schlugen fehl. Und die Botschaften kamen weiter.

Die Ereignisse am »anderen Ende« der Kommunikation dramatisierten sich. Der Verfasser Lukas hatte schon mehrmals berichtet, dass er sich zunehmend in Schwierigkeiten sah, weil einige seiner Zeitgenossen Wind davon bekamen, welche seltsamen und unheimlichen Ereignisse sich in Lukas' Haus abspielten. Das konnte nur mit dem Teufel zugehen! Lukas wurde angeblich kurzzeitig ins Gefängnis geworfen, kam aber noch einmal durch die Vermittlung eines Freundes frei. Jetzt schien allerdings als Nächstes die Todesstrafe zu drohen. Die folgende Botschaft brachte jedoch alle bisher erdachten Theorien ins Wanken:

»… YOW SAYD YOWR TYME BE 1985. METHOUGHT YOW WERE ALS FROM 2109 LYK YOWR FREEND WHOM DIDST BRINGE LEEMS BOYSTE PREY

… Ihr sagtet, Eure Zeit sei 1985. Ich dachte, Ihr wärt von 2109 wie Euer Freund, der den Kasten der Lichter brachte?«

Wer waren die Menschen aus dem Jahre 2109 – vorausgesetzt, diese Zeitangabe war korrekt –, und was hatten sie mit dem ganzen Phänomen zu tun? Sollten all diese Botschaften echt sein, waren also noch mehr Kommunikationspartner im Spiel: diesmal aus der Zukunft. Ken Webster und seine Freunde entschieden sich, auch eine Botschaft in das Jahr 2109 zu senden. Sie wurde umgehend in klarem Englisch beantwortet und lautete folgendermaßen:

»Ken, Deb, Peter,
leider können wir Ihnen nur zwei Wahlmöglichkeiten lassen:
1) dass Sie Ihre Situation auf eine derart unverblümte Art erklärt bekommen, dass Sie vielleicht sofort verstehen, aber etwas veranlassen, was nicht sein sollte, oder
2) dass Sie dies zu verstehen versuchen: Sie drei erfüllen einen Zweck, der zu Ihren Lebzeiten das Antlitz der Geschichte verändern wird. Wir, 2109, dürfen Ihre Gedan-

ken nicht unmittelbar beeinflussen, sondern Ihnen eine Art Führung geben, die Raum für Ihre eigene Bestimmung lässt. Wir können nur sagen, dass wir alle Teil desselben Gottes sind, wer auch immer er oder es (?) sein mag.«

Zur gleichen Zeit wird es immer verrückter. Diejenigen aus dem Jahre 2109 schickten an Ken ein Gedicht, von dem sie behaupten, dass es Lukas vor der Todesstrafe retten könnte. Ken und seine Freunde interpretieren das Gedicht und fabrizieren daraus Tipps für Lukas. Aber vergebens, Lukas wird der Hexerei angeklagt, die Botschaften verstummen. Trotzdem beharrt Ken auf weiteren Fragen, die er von den Menschen aus der Zukunft beantwortet haben möchte. Sie erklären ihm aber, dass dann, wenn er alle Details wüsste, es so wäre, als ob der Computer nie bei Lukas aufgetaucht wäre! Dann wäre kein Beweis für irgendetwas vorhanden. Dies trug natürlich überhaupt nicht zur Klärung der Situation bei.

Was genau war passiert?

Im Laufe der Dialoge schälte sich langsam heraus, was sich dort anscheinend zutrug. Zeitexperimentatoren in der Zukunft hatten offensichtlich erfolgreich versucht, zwischen zwei Punkten im Raum-Zeit-Kontinuum eine Verbindung zu schaffen, die es ermöglichte, dass ein Computer in zwei verschiedenen Szenarien auftauchte, also sowohl im England des 16. Jahrhunderts als auch im England unserer Jetztzeit. Dazu war es für das Experiment günstig, dass dort, wo in der Jetztzeit der Computer des Lehrers Webster stand, früher auch ein bewohntes Haus vorhanden war und dass der vom

Computer eingenommene Raum dort einem immerhin zugänglichen Platz entsprach, nämlich dem Kamin. So konnte wohl jemand im 16. wie auch im 20. Jahrhundert denselben Computer benutzen.

Das Anliegen der Zeitexperimentatoren aus der Zukunft war offensichtlich, unserem gegenwärtigen Verständnis über die Natur der Zeit etwas nachzuhelfen. Sie berichteten, ähnlich wie der englische Zeitforscher Dunne es in den vierziger Jahren in seinem Zeitmodell forderte (siehe das Kapitel »Die fünfte Dimension«), dass sie aus einem Zeitkontinuum heraus operierten und dass ihnen dies den Kontakt mit allen Zeitpunkten im Raum-Zeit-Universum ermöglichte, sowohl in der Vergangenheit als auch in der Zukunft. Sie betonten die außerordentliche Vorsicht, mit der man bei solchen Experimenten vorgehen müsse, um Katastrophen zu vermeiden. Sie warnten ausdrücklich vor zu großer Neugierde, vor allem wäre es gefährlich, den wirklichen Namen des Schreibers aus dem 16. Jahrhundert zu erfahren. Aus diesem Grunde hatten sie jenen offenbar auch angewiesen, sich nicht mit seinem wirklichen Namen zu melden. Lukas Wainman war also ein Unbekannter, der noch dazu einige geschichtliche Daten seiner Zeit durcheinander würfelte, um seine wahre Zeit und Identität zu verschleiern. Wie wir gleich sehen werden, vergebens.

Ken Webster und seine Freunde, die sich zuweilen durch die Art der Botschaften veralbert fühlten und Geheimnistuerei nicht sehr liebten, stellten umfangreiche Recherchen über die Vergangenheit der Orte Chester und Bristol sowie alle in den Botschaften genannten Personen und Ereignisse an. Schließlich kamen sie zu der Erkenntnis, dass es sich bei dem Schreiber eindeutig um Thomas Hawarden oder Thomas

Harden handeln musste, einen Dichter und Philosophen des 16. Jahrhunderts.

Als die Zeitexperimentatoren aus dem Jahre 2109 herausfanden, dass der Name Thomas Harden bekannt geworden war, bekundeten sie großes Entsetzen, weil sich jetzt eine Zeitanomalie ergeben hatte, durch die angeblich zwei Thomas Harden aufgetaucht wären, die sich auf keinen Fall begegnen durften. Das Resultat wäre eine Zerstörung des Raum-Zeit-Kontinuums:

»OH. IF ONLY YOU HAD LISTENED. AT PRESENT YOU HAVE TWO LUKASES RUNNING AROUND YOUR HOUSE, IF AT ANY TIME THE TWO ARE TO MEET WE CANNOT EXPLAIN THE DEVASTATION THAT WILL ERUPT WITHIN THE TIME CONTINUUM ...

O wenn Sie doch nur zugehört hätten. Im Augenblick laufen zwei Lukasse durch Ihr Haus. Wir können die Verheerung im Zeitkontinuum, die ausbrechen wird, wenn sich diese beiden irgendwann treffen, nicht in Worte fassen ...«

Paralleluniversen und andere »Anomalitäten«

Wissenschaftler unserer Tage behaupten seit längerem, dass Paralleluniversen und Zeittunnel durchaus Realität sein könnten. Bei den Geschehnissen in England könnte es sich also entweder um Paralleluniversen handeln, die sich gegenseitig durchdringen, oder um Zeittunnel, die auf künstliche oder natürliche Art entstanden sind. Auch wäre die gegenseitige Durchdringung von zwei Zeitabschnitten, die sich am selben Ort ereigneten, vorstellbar. Die Durchdringung von Paralleluniversen scheint besonders dort leicht möglich zu sein, wo es im Erdfeld magnetische Anomalien gibt.

Wie kann man sich die Verbindung von zwei Zeitpunkten vorstellen, die Jahrhunderte auseinander liegen? Stellen Sie sich vor, dass man einen Ereignisverlauf als langen Schlauch darstellt. Die Zeit scheint entlang dieses Schlauches zu fließen. Die Situationen der Gegenwart können Sie sich als Querschnitt durch den Schlauch vorstellen. Dieses »Gegenwartsfenster« bewegt sich mit dem Zeitfluss durch den Schlauch. Aus der Sicht eines normalen Beobachters in diesem Gegenwartsfenster gibt es keinen Schlauch. Er wird erst sichtbar, wenn man sich in einer höheren Dimension befindet, in der man Vergangenheit, Gegenwart und Zukunft gleichzeitig wahrnehmen kann, also den gesamten Zeit- oder Ereignisschlauch. Ein Zeittunnel entsteht dann, wenn zwei beliebige Punkte dieses Schlauches mit einer Schlauchbrücke zusätzlich überbrückt werden, sozusagen als Kurzschluss. Abb. 26 macht dies anschaulich.

Das Faszinierende an den Ereignissen in Doddleston war nicht nur die Computerkommunikation mit dem 16. Jahrhundert, sondern auch die Tatsache, dass Thomas Harden, zumindest zeitweilig, die Personen des 20. Jahrhunderts sehen konnte. Sie bewegten sich für ihn auf gespenstische Weise in seinem eigenen Haus. Ken und seinen Freunden waren solche Erlebnisse nicht vergönnt, allerdings war seine Freundin Debbie einige Male in der Lage, im Halbschlaf in diese vergangene Welt zu »driften«. Dabei war sie jedes Mal ganz real im Geschehen des 16. Jahrhunderts. Sie konnte mit Thomas Harden in diesem Zustand reden und ihn auch

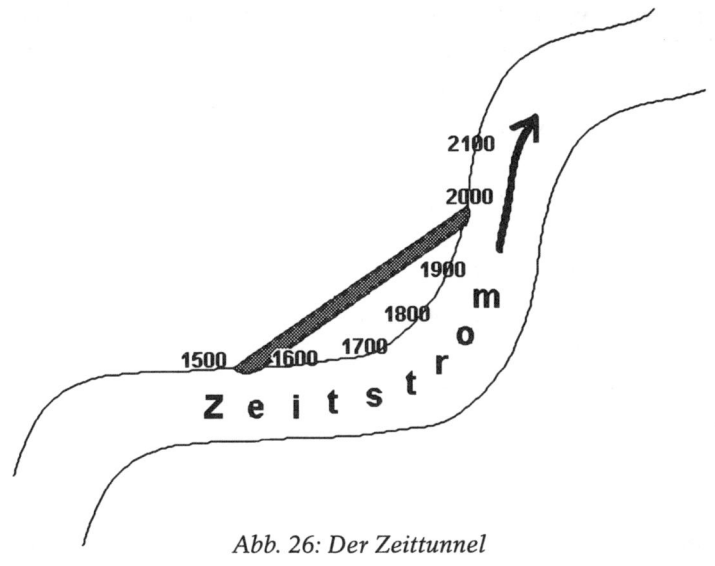

Abb. 26: Der Zeittunnel

berühren. Von einer dieser Zeitreisen brachte sie eine bemerkenswerte Schilderung der damaligen Landschaft mit zurück, und sie fertigte eine Zeichnung vom Inneren des Hauses Thomas Hardens an.

Zeittunnelerfahrungen

Es gibt immer wieder andere, sowohl objektive als auch subjektive Erfahrungen von Zeitreisenden, die nicht, wie bei dem in England dokumentierten Fall, durch Zeitüberlappung am selben Ort mit Vergangenheit und Zukunft Kontakt hatten, sondern die einen Sprung durch die Zeit als Tunnelerfahrung beschreiben. Ein Zeittunnel fühlt sich ihren Aussagen nach wie eine lange, gewundene Röhre an, die mit einem diffusen blauen Licht gefüllt ist. Man würde sich in dieser Röhre mit einer unglaublichen Geschwindigkeit bewegen. Die Röhre erstreckt sich in leicht gewundener Form in eine scheinbare Unendlichkeit. Erfahrungen von Menschen, die von sich behaupten, schon durch solche Zeittunnel »gereist« zu sein, wurden inzwischen mehrfach in Spielfilmen dargestellt, zum Beispiel in »Stargate«.

Rein subjektive Erfahrungen ähnlicher Art werden manchmal von fortgeschrittenen Meditierenden gemacht, die sich in der Gedankenbeobachtung üben. Wird ein Gedanke bis an seinen Ursprung verfolgt, kann es passieren, dass man – subjektiv – in einen solchen Zeittunnel gerät und anschließend in völlig fremde Welten. Meditationslehrer, die danach befragt werden, sind meistens völlig verblüfft über solche Erfahrungen und müssen irgendwelche Erklärungen schuldig bleiben. Ich bin mir aber ziemlich sicher, dass Erfahrungen dieser Art in Zukunft zunehmen werden.

Die subjektive Erfahrung der Zeittunnelreisenden entspricht dabei unter Umständen den Aka-Fäden, die von den Kahunas Hawaiis beschrieben werden. Die Kahunas sind Vertreter der Huna-Magie und verfügen über großes esoterisches und heilerisches Wissen. Sie sind der Ansicht, dass wir an alle Menschen, mit denen wir jemals körperlich oder gedanklich-emotional verbunden waren, mit unsichtbaren Aka-Fäden angekoppelt sind. Dies seien energetische Bänder, die die beteiligten Personen miteinander verknüpfen und oft im Sonnengeflecht verankert sind. Solche Aka-Fäden können zuweilen große Schwierigkeiten bereiten, wenn die andere Person bewusst oder unbewusst in der Lage ist, über die Fäden die Energie der anderen Person anzuzapfen oder schlechte Einflüsse über sie zu senden. Mir ist allerdings nicht bekannt, ob die Kahunas auch die Ansicht vertreten, dass diese Fäden sich in andere Dimensionen oder in eine Welt der Zukunft erstrecken können.

Das Philadelphia-Experiment

Meine Behauptung, dass es auch objektive Erfahrungen über Zeitreisen und Raum-Zeit-Sprünge gäbe, hat Sie vielleicht in Erstaunen versetzt. Paradefall des 20. Jahrhunderts war das Philadelphia-Experiment. Auch bei diesem Ereignis spielten Computer eine wichtige Rolle, allerdings um Dimensionen größer, als es der Schreibautomat von Ken Webster war. Die Computerkommunikation mit dem 16. Jahrhundert ist bis heute nicht abschließend geklärt. Thomas Harden machte allerdings eine spannende Ankündigung, die irgendwann Licht in die Angelegenheit bringen könnte: Er wollte die Ereignisse, die sich im Zusammenhang mit dem »Lichterkasten« zutrugen, in einem Buch festhalten. Die Kommunikationspartner aus dem Jahre 2109 bestätigten, dass dieses Buch in lateinischer Sprache geschrieben worden sei und bald entdeckt werden würde! Webster lädt die Leser seines Buches ein, ihm zu schreiben, sofern sie zu einer plausiblen Erklärung der Ereignisse beitragen möchten.

Im Philadelphia-Experiment, das die amerikanischen Militärs am 12. August 1943 durchführten, ging es ursprünglich darum, ob es mithilfe von starken magnetischen Feldern möglich sei, Schiffe für feindliches Radar oder sogar optisch unsichtbar zu machen. An diesen Experimenten waren Albert Einstein, Nikola Tesla und John von Neumann beteiligt.

Den hochkarätigen Wissenschaftlern Einstein und Tesla war spätestens ein Jahr vor Ausführung des Experiments klar, dass es große Risiken für die beteiligten Personen barg. Tesla boykottierte die Vorarbeiten 1942 und wurde in der Projektleitung durch den Erfinder des Computers, von Neumann, ersetzt.

Das geheime Experiment war, je nach Sichtweise, gleichzeitig ein Erfolg für das Militär und eine furchtbare Katastrophe für die beteiligten Personen. Der Kreuzer U.S.S. Eldridge im Hafen von Philadelphia hüllte sich zunächst in einen grünlichen Nebel und verschwand danach völlig und tauchte wenige Minuten später im Hafen von Norfolk, Virginia, wieder auf! Das ist eine Distanz von 640 Kilometern. Als er kurz darauf im Ausgangshafen Philadelphia wieder erschien und die Experimentatoren das Schiff betraten, stellten sie mit Entsetzen fest, dass ein Großteil der Mannschaft entweder verrückt geworden war oder materiell mit Teilen ihres Körpers im Schiffsrumpf eingebacken waren – bei lebendigem Leibe. Die seelischen und körperlichen Qualen der Schiffsmannschaft sind unbeschreibbar.

Das rätselhafte Auftauchen des Schiffes war damals in Zeitungsartikeln berichtet worden. Ansonsten unterlag das Experiment natürlich strengster Geheimhaltung, und einigen Autoren, wie zum Beispiel Charles Berlitz und Morris K. Jessup, ist es nur unter größten Schwierigkeiten gelungen, nach und nach die Fakten ans Licht zu bringen. Von Jessup sind nur noch Briefwechsel mit einem Zeitzeugen des Philadelphia-Experiments überliefert, danach erlitt er einen tödlichen »Unfall«. In Berlitz' Büchern *Das Philadelphia-Experiment* und *Das Bermuda-Dreieck* (siehe Literaturverzeichnis) kann man einige hochinteressante Details über das

Philadelphia-Experiment und andere Raum-Zeit-Anomalien nachlesen.

Die Raum-Zeit-Computer des Montauk-Projekts

Die Autoren Preston B. Nichols und Peter Moon* beschreiben in ihrem Buch *Das Montauk-Projekt* weitere unglaubliche Experimente mit der Zeit, bei denen wiederum das Philadelphia-Experiment eine Schlüsselrolle spielte. Die Zeitgeneratoren des Schiffes liefen nämlich noch am Ende des Experimentes. Zwei Brüder, Edward und Duncan Cameron, die über Bord gesprungen waren, wurden aus dem Jahre 1943 in die Zukunft katapultiert, und zwar in das Jahr 1983 auf das Versuchsgebiet von Montauk, Long Island, vor der Küste New Yorks. Von dort wurden sie über die Zeitmaschine, die man inzwischen in Montauk installiert hatte, wieder zurückgeschickt, um die Generatoren zu zerstören. Es war damals anscheinend zu befürchten, dass unser irdisches Raum-Zeit-Kontinuum auseinander brechen könnte, sollte dies nicht gelingen! Von den beiden Brüdern blieb Edward im Jahr 1943, der andere, Duncan, ging wieder nach 1983 und war danach einem rapiden Alterungsprozess unterworfen. Es wird in diesem Buch noch viel abenteuerlicher ...

Sollten diese erschütternden Berichte wahr sein sowie auch die weiteren Schilderungen im Buch *Das Montauk-Projekt*, dann werden wir alle über den derzeitigen Forschungsstand völlig im Unklaren gelassen. Danach hätten gewisse Kreise in den USA die Möglichkeit, Menschen und Material

---

* Preston B. Nichols, Peter Moon: Das Montauk-Projekt, E. T. Publishing Unlimited, 1994.

durch ein riesiges Zeittor an beliebige Orte – inklusive anderer Planeten – in Gegenwart oder Zukunft zu senden. Dies sei in großem Maßstab bereits erfolgt! Die Autoren behaupten sogar, dass man sich unter den vielen möglichen Zukunftsszenarien eines ausgesucht habe, das befürchtete Katastrophen der näheren Zukunft nicht erscheinen lässt. Sie behaupten weiter, dass die konkrete Entsendung von Menschen in diese Zukunft dafür gesorgt habe, dass unsere Zukunft in ihrem groben Verlauf für Tausende von Jahren festgelegt worden sei. Die Zukunft hätte immer mehrere mögliche Varianten. Durch die Zeitreise von Menschen in eine dieser Varianten wird sie angeblich zur zwingenden Notwendigkeit.

Sollten alle diese Behauptungen stimmen, sind wir sowohl einem korrekten Zeitverständnis näher gekommen als auch einer der unglaublichsten Manipulationen unserer Zeit. Hier hätten sich einige Wissenschaftler angemaßt, über das Schicksal der Welt zu bestimmen. Sie hätten die Welt auch bewusst im Unklaren darüber gelassen, dass das Wissen, das heute an Hochschulen und Universitäten gelehrt wird, hoffnungslos veraltet ist und dass der Menschheit längst Möglichkeiten zur Verfügung stehen, die wir sonst nur in Science-Fiction-Romanen finden. Dies wäre allerdings kein Einzelfall.

An einigen Orten der Welt werden anscheinend so genannte Freie-Energie-Maschinen entwickelt, die es jedem ermöglichen würden, kostenfrei Strom zu erzeugen. Private Erfindungen dieser Art versucht man systematisch zu unterdrücken, Militärs sind angeblich schon sehr weit mit dieser Technologie gediehen. Die Gründe für die Unterbindung kann man sich gut vorstellen, denn Energie zum Nulltarif würde den Öl- und Stromgiganten zum Verhängnis. Milliardenumsätze gingen verloren. Auch Nikola Tesla, dem wir unseren Wechselstrom verdanken und der schon Anfang des 20. Jahrhunderts praktisch demonstrierte, wie man in großem Maßstab beliebig viel Energie kostenfrei aus dem Äther ziehen kann, musste aus ebendiesen Gründen solche Erfahrungen machen. Seine Geldgeber stoppten sofort ihre finanziellen Zuschüsse, als sie bemerkten, welche Konsequenzen Teslas Erfindungen für sie haben könnten. Seinem damaligen Finanzier Morgan war die Idee einer für jeden frei verfügbaren Energie absolut unsympathisch. An diesem Handlungsmuster hat sich im Prinzip bis heute nichts geändert.

Nachholbedürfnis im Zeitverständnis

Was schließen wir aus all diesen Zeitexperimenten? Wir haben ein immenses Nachholbedürfnis an korrektem Wissen über höhere Dimensionen und die Zeit. Wissenschaftlich brisante Entdeckungen werden oft nicht der Öffentlichkeit mitgeteilt. Man hat offensichtlich Angst vor den Konsequenzen. Vielleicht ist diese Angst berechtigt, denn immer wieder haben Autoren und Wissenschaftler auf die möglichen Gefahren von Zeitreisen hingewiesen. Viel zitierter Fall ist die Begegnung mit sich selbst bei einer Reise in die nähere Vergangenheit oder Zukunft. Eine solche Begegnung könne zu gefährlichen Auswirkungen für das gesamte Raum-Zeit-Kontinuum führen, in dem wir uns bewegen. Die Zeitexperimentatoren des geschilderten Experiments in England schienen der gleichen Ansicht zu sein.

Sollten Sie also eines Tages eine mysteriöse Botschaft auf Ihrem Bildschirm finden, steht Ihnen vielleicht ein besonderes Abenteuer bevor – oder lassen Sie besser die Finger davon?

Fazit: Hat Ihr Computer alle Antworten?

Lassen Sie uns den Bogen schlagen zu dem, was uns anfangs in diesem Buch beschäftigt hatte: Werden wir durch geistige Einflüsse aus dem Computer manipuliert, oder haben wir es in der Hand, den PC ganz im Gegenteil für unser eigenes persönliches Wachstum und für unser gesteigertes Wohlergehen zu benutzen?

Durch die verschiedenen Themen, die wir in diesem Buch untersucht haben, wird eigentlich verständlich, dass unser eigenes Bewusstsein der ausschlaggebende Faktor ist. Ebenso wie eine Werbung in Fernsehen oder Kino Sie nicht kontrollieren, wohl aber beeinflussen kann, genauso wenig sind Sie Computereinflüssen hilflos ausgeliefert. Mit relativ wenig Aufwand können Sie Ihren PC so umfunktionieren, dass er ihnen in jeder Lebenslage eine wertvolle Hilfe sein kann. Irgendwelche schädigenden Einflüsse, gleich ob physikalischer oder geistiger Art, können Sie auf die beschriebenen Weisen weitestgehend neutralisieren (ausgenommen physikalische Strahlungseinflüsse qualitativ minderwertiger Bildschirme). Folgen Sie den Hinweisen in diesem Buch, haben Sie nach kurzer Zeit Ihren PC in einen wertvollen Freund verwandelt, der Ihnen nicht nur Therapiegerät ist, sondern hilft, Ihr Unterbewusstsein positiv zu programmieren, und Ihnen in (fast) jeder Lebenslage nützlich ist. Ich bin mir sicher, dass noch viele weitere Möglichkeiten existieren, einen PC für Ihre Zwecke nutzbar zu machen. Vielleicht war dieses Buch eine Anregung zu eigenem weiterem Experimentieren.

Eines kann der Computer sicherlich nicht: Ihnen die Verantwortung für Ihr Leben abnehmen oder wichtige Entscheidungen für Sie treffen. Das müssen Sie weiterhin selbst tun. Ein Wort sei mir noch zu den kontrollierenden Einflüssen gestattet, denen Sie dann ausgesetzt sind, wenn Sie mit Ihrem PC das Internet benutzen. In diesem Moment haben Sie ihre Privatsphäre verlassen und sich den »Lauschmechanismen« der Erde geöffnet. Wie Sie hiermit umgehen können und welche Gefahren Ihnen drohen, habe ich bereits in meinem Buch *666 – Die Zahl des Tiers im Internet* beschrieben. Also: Trotz aller Euphorie darüber, wie Sie Ihren PC umfunktionieren können, seien Sie auf der Hut.

Ich wünsche Ihnen viel Spaß mit Ihrem spiritualisierten Computer!

Literatur

Bewusstsein und Computerchips

Alexander, John Alexander: *Future War: Non-Lethal Weapons in Twenty-First-Century Warfare*, St. Martins Pr. (Trade), 1999

Aranya, Swami Hariharananda Aranya: *Yoga Philosophy of Patanjali*, University of Calcutta, 1977

Garfield, Patricia: *Creative Dreaming*, London 1976

Gehring, Heiner: *Versklavte Gehirne*, Rottenburg 1999

Heerd, Ulrich: *Das HAARP-Projekt*, Edition Haarp, 1989

Keith, Jim: *Bewusstseinskontrolle*, Edition J. M., 1998

Manning, Jeanne, und Begich, Nick: *Löcher im Himmel*, Frankfurt 1996

Sunn, Frank: *666 – Die Zahl des Tiers im Internet*, Goldmann, München 1999

Tompkins, Peter, und Bird, Christopher: *Das geheime Leben der Pflanzen*, Frankfurt 1977.

Ywahoo, Dhyani: *Am Feuer der Weisheit. Lehren der Cherokee-Indianer*, Berlin 1996

www.lauralee.com/archive/02_13_99.htm

Farbtherapie

Babbit, Edwin B.: *The Principles of Light and Color*, 1876

Dinshah, Darius: *Es werde Licht*, Dinshah Health Society, Malaga NJ (USA), 1989

Godson, Petra: *Farben und Gesundheit*, Bad Münstereifel 1991

Schiegel, Heinz: *Color-Therapie*, München 1993

Subliminals

Bornstein, Robert F.: »Subliminal Techniques as Propaganda Tools: Review and Critique«, *Journal of Mind and Behavior*, Sommer 1989, S. 231–262

Buddemeier, Heinz, und Strube, Jürgen: *Die unhörbare Suggestion*, Urachhaus 1990

Freitag, Erhard: *Kraftzentrale Unterbewusstsein*, Goldmann, München 1983

»Huxley Fears New Persuasion Methods Could Subvert Democratic Procedures«, *New York Times*, 19. Mai 1958, S. 45

Key, Wilson Bryan: *Subliminal Seduction: Ad Media's Manipulation of a Not So Innocent America*, Prentice Hall 1973

Mulford, Prentice: *Der Unfug des Sterbens*, München 1928

Packard, Vance: *The Hidden Persuaders*, David McKay Company, 1957

»Rock im Rückwärtsgang XXX«

»Subliminal TV Cited as Danger to Youth«, *New York Times*, 29. Januar 1958, S. 29

Talese, Gay: »Most Hidden Hidden Persuasion«, *New York Times Magazine*, 12. Januar 1958, S. 22, 59 f.

»The Ad That Isn't There«, Editorial, *New York Times*, 23. Januar 1958, S. 26

www.infinn.com/subliminal/extracategories.html

www.parascope.com/articles/0497/sublimdb.htm

www.parascope.com/articles/0497/sublim4.htm

gruel.spc.uchicago.edu/Backmask/music.html

Die fünfte Dimension

Abbott, Edwin A: *Flatland*, Dover Publications, 1992 (Originalausgabe 1884); Flächenland, Laxenburg/Österreich 1999

Dunne, J. W.: *An Experiment with Time*, London 1964

Dunne, J. W.: *The Serial Universe*, London 1942

Levich, A. P. (Hg.): *On the way for understanding the time phenomenon: Construction of time*, World Scientific Press, 1995

Meckelburg, Ernst: *Zeittunnel*, München 1993

Ouspensky, Peter D.: *Tertium Organum*, München 1973

members.aol.com/Polycell/uniform.html

www.eveander.com/~eveander/eve/eveasks/answer1/index.html

www.sover.net/~manx/hyprcube.html

www.sandlotscience.com/

cip.physik.uni-bonn.de/ScienceSite/hypercubus/animator/tesseract

www.math.brown.edu/~banchoff/art/PAC-9603/tour/floor-plan.html

www.FractalWisdom.com/FractalWisdom/index.html

member.aol.com/hkoopm6600/pub/fraktal.htm

www.physics.orst.edu/~bulatov/polyhedra/stellation/index.html

Radionik

Burr, Harold Saxton: *Blueprint for Immortality*, Saffron Walden 1991

Russell, Edward W.: *Report on Radionics*, Saffron Walden 1995

Tansley, David V.: *Der feinstoffliche Mensch*, Essen 1993

Tansley, David V.: *Dimensions of Radionics*, Albuquerque 1997

www.se-5.com/toc.html
www.radionik.net/service/adressen.htm
www.excel.net\~jaguar\c-virus.html (rife)

Tarot

Bardon, Franz: *Der Weg zum wahren Adepten*, Freiburg 1986
Pollack, Rachel: *Tarot – 78 Stufen der Weisheit*, München 1985
Waite, Arthur Edward: *Der Bilderschlüssel zum Tarot*, Waakirchen 1978

www.astrowelt.de/
magic-vision.com/magic_vision.de/download.html
www2.dgsys.com/~bunning/download.htm
www2.crosswinds.net/~ninalee/tarot/

Astrologie

Arroyo, Stephen: *Astrologie, Karma und Transformation*, München 1980
Klöckler, Dr. med. H. Freiherr v.: *Kursus der Astrologie*, Freiburg 1981
Sakoian, Frances, und Acker, Louis S.: *Das große Lehrbuch der Astrologie*, München 1979

www.ping.de/sites/antares/astro2.htm
www.efd.lth.se/~e91ju/astrologi/history.html
www.exotique.com/fringe/astrology.htm/
mazzaroth.com/ChapterOne/DrawingZodiacOfDenderah.htm#DenderahDrawing
web.kyoto-inet.or.jp/org/orion/eng/hst/egypt.html

Numerologie

Ahmad, Mabel: *Names and their Numbers*, Philadelphia 1924
Balliett, David, und Dow, L.: *How to Attain Success Through the Strength of Vibration*, Santa Fe 1983 (Originalausgabe 1905)
Dudley, Underwood: *Die Macht der Zahl*, Basel 1999
Goodman, Linda: *Das neue Handbuch der Esoterik*, Zürich 1987

www.spiritlink.com/num1.html
www.spiritlink.com/numlinks.html
www.crystalinks.com/numerology.html
www.greatdreams.com/gem1.htm
www.thedreamtime.com

Biorhythmus

Appel, Walter A.: *Erfolgsgeheimnis Biorhythmus*, Augsburg 1998
Kurth, Hanns: *Mit Biorhythmik zum Erfolg*, Rüschlikon-Zürich 1972
Marsden, Ina: *Im Biorhythmus zum Erfolg*, Berlin 1999
www.geocities.com/SiliconValley/Way/6384/download.html
www.crystalinks.com/biorhythms.html
home.t-online.de/home/stolzer/home2.htm
www.sleepnet.com/bio.htm'online chart
www.decoweb.com/decbiodc.htm
www.coolbeanz.com/biorhythm_computer.htm'online chart

Runen und I Ging

Caland, Magdalena: *Runen als Wegbegleiter*, Amsterdam 1998
I Ging. Text und Materialien. Übersetzt von Richard Wilhelm, München 1973

Wellert, Karl Wilhelm: *Fragen Sie die Runen*, Weyarn 1999
Yan, Li: *Das illustrierte I Ging*, Peking 1997

www.mindweb.com/Cookiemonster/runen.htm
www.divineworld.com/secret_of_runes/
www.divineworld.com/download.asp
www.paw-software.com/index.shtml
esca.atomki.hu/paradise/winsite/win95/misc.html
209.130.22.5/surfthemen/iging.htm

Sprache aus dem PC
Redfield, James: *Das Buch von Celestine*, München 2000
Redfield, James: *Die zehnte Prophezeiung von Celestine*,
  München 1999
Transkommunikation, Zeitschrift für Psychobiophysik, Ge-
  sellschaft für Psychobiophysik, Mainz, erscheint halbjähr-
  lich

Zeitsprung
Berlitz, Charles: *Das Philadelphia-Experiment*, München
  1985
Berlitz, Charles: *Das Bermuda-Dreieck*, Klagenfurt 1983
Meckelburg, Ernst: *Zeittunnel*, München 1993
Nichols, Preston B., und Moon, Peter: *Das Montauk-Pro-
  jekt*, E. T. Publishing Unlimited, 1994
Webster, Ken: *Die vertikale Ebene*, Frankfurt 1993